Mysterien in Rot

Bibliografische Information:
Die Deutsche Bibliothek verzeichnet diese Publikation in der Deutschen Nationalbibliografie; detaillierte bibliografische Daten sind im Internet über http://dnb.ddb.de abrufbar.

2007
Originalausgabe
»fabrica libri«

Lektorat:
Gabriele Schindler

Layout und Umschlaggestaltung:
Sigrid Pomaska

Herstellung:
Druck und Verlag Pomaska-Brand GmbH

www.fabrica-libri.de

ISBN 978-3-935937-39-9

Linda Fierz-David

Mysterien in Rot

Die Individuation der Frau in Pompeji

Tiefenpsychologische Betrachtungen
zu den Fresken der »Villa dei Misteri«

1955

fabrica libri

Bis zu ihrem Tod 1955 war Linda Fierz-David Dozentin am C.G. Jung Institut in Zürich. Ihre letzten Vorlesungen widmete sie der Freskenfolge in der Villa dei Misteri in Pompeji. Das Werk, das aus diesen Vorlesungen hervorging und das sie noch vor ihrem Tod beenden konnte, hat sie sehr richtig als »Psychologische Betrachtungen« beschrieben. Es geht dabei nicht um die Erforschung des Altertums, sondern es ist eine psychologische Arbeit über die ursprüngliche, typische Erfahrung eines Menschen, der – statt sich die Fresken der Villa dei Misteri nur aus ästhetischer oder archäologischer Sicht anzuschauen – die psychische Wirklichkeit erfährt, die aus ihnen strahlt.

Diese Art intensiver Erfahrung ist das zentrale Anliegen der Psychologie. Sie öffnet unsere Augen für die Dynamik der Psyche, für die immer gegenwärtigen und doch zeitlosen archetypischen inneren Vorgänge im Menschen.

Psychologische Betrachtungen kann kein unbewegter, unberührter Beobachter vorgeben. Der Seinszustand, der durch einen psychischen Inhalt hervorgerufen wird, ist in hohem Grade persönlich. Darum scheint es nicht ratsam, dieses Werk zu revidieren, um es auf den neuesten Stand der Entdeckungen der klassischen Forschung zu bringen. Das würde nur seine psychologische Bedeutung schmälern.

Linda Fierz-Davids Arbeit wird daher genauso veröffentlicht, wie die Autorin selbst sie zu Ende geführt hat.

Heinrich Karl Fierz
Zürich 1966

Inhaltsverzeichnis

Vorwort

Durch eine kleine Pforte treten wir ein – den nach außen gerichteten Blick nach innen wendend:

»Wer bist Du, Frau?« … Diese Frage tönt uns aus dem Einweihungsraum der Villa entgegen. Die einzigartig eindrucksvollen Bilder der Villa dei Misteri, die wir heute wieder in Pompeji betrachten können, haben Linda Fierz-David bewegt, deren Aussage zu ergründen. Vor unseren Augen entfaltet sich mit ihrer geschulten Hilfe ein Einweihungsweg der römischen Frau aus der Zeit um Christi Geburt. Sie stellt den Betrachtenden jedoch nicht nur ein historisches Dokument vor, sondern leitet uns durch die verschiedenen Phasen eines auch heute noch gültigen Individuationsweges der Frau.

In einer Zeit, in der wir keine befriedigenden Antworten für die Zukunft mehr finden, führt uns die Freskenfolge durch einen Prozess der inneren Reinigung und verbindet uns mit der weiblichen Tiefe und den wesensmäßig zu uns gehörenden Kräften des Körpers, der Seele und des Geistes zu einer dem Weiblichen innewohnenden ge-

läuterten Geistigkeit – nicht, um der Welt in einer Innenschau zu entfliehen, sondern um inmitten der Welt aus einer anderen Dimension zu leben.

Eine Abbildung der Freskenfolge hängt seit Jahren in meinem Praxisraum und immer wieder geschieht es, dass während der inneren Arbeit mit Frauen eine der Szenen die Aufmerksamkeit auf sich zieht. Da ist z.B. die Initiandin, die schwanger zu sein scheint, die mit ihren Händen das Tuch über ihrer Brust lüftet, so, als wolle sie Raum schaffen, Raum, um offen zu sein für das, was werden will. Viele Frauen haben die Erfahrung einer physischen Schwangerschaft in ihrem Leben gemacht. Viele haben erlebt, wie sie durch das Wachsen neuen Lebens in ihnen ihrer Instinktnatur näherkamen, wie sie sich gegründeter fühlten, verbundener mit allem Lebendigen und dessen zyklischen Rhythmen und wie sie oft mit mehr Selbstvertrauen Entscheidungen fällten.

Erlauben wir uns, »schwanger« zu gehen … mit einer Frage, mit uns selbst? Erlauben wir uns, mit offenem Herzen auf das zu horchen, was werden will? Wagen wir es, auch auf seelischer und geistiger Ebene unsere »Kinder« zu gebären, unsere Leidenschaften zu entzünden?

So könnte eines dieser uralten Bilder zu sprechen beginnen und in der persönlichen Lebensfrage einer Frau von heute den initiierenden Sprung herausfordern.

Aber auch der Mann kann durch diese Bilder berührt werden. Sie erlauben ihm, die weibliche Psyche besser zu verstehen und sich seines eigenen weiblichen Anteils bewusst zu werden, der ihn zu Herzenswärme und Erkenntnis führen kann.

Ein besonderer Dank sei ausgesprochen an Gabriele Schindler, die verhinderte, dass das Werk von Linda Fierz-David nach fünfzig Jahren endgültig in den Archiven verschwand. Sie ermöglichte durch ihr unermüdliches Engagement, dass die inspirierten und inspirierenden Betrachtungen zu dieser einzigartigen Freskenfolge nun einem breiteren Publikum zugänglich sind.

Treten Sie ein, schauen Sie, hören Sie und lassen Sie sich von dem Geist der Villa der Mysterien berühren …

Helga Fink
Esslingen, 2007

Einleitung

Historisches

Außerhalb von Pompeji liegt die Villa dei Misteri in nördlicher Richtung in ein sanftes Rebgelände eingebettet. Beim Ausbruch des Vesuvs im Jahre 79 n.Chr. teilte sie das Schicksal der Stadt.

Pompeji war eine reiche, kleine Handelsstadt zu Füßen des Vesuvs, an dessen Hängen der berühmte Wein wuchs, der neben anderen landwirtschaftlichen Produkten eine Haupteinnahmequelle bildete. Außerdem gab es Färbereien, Glasfabriken und sogar Saucenfabriken, in denen das *garum* hergestellt wurde, eine gegorene Fischsauce, ohne die die Römer nicht kochen konnten. Pompeji wurde im Jahre 63 n.Chr. von einem furchtbaren Erdbeben heimgesucht und fast vollständig zerstört. Niemand beachtete jedoch diese Warnung des Himmels und die Stadt wurde sofort aufs Modernste wieder aufgebaut.

Ihre Ruinen sind kulturhistorisch darum so lehrreich, weil in dieser neu aufblühenden Siedlung sozusagen die Quintessenz der damaligen Wohnkultur im Kleinen zu finden ist. Diese Blüte wurde durch den großen Ausbruch des Vesuvs verschüttet. Nach dieser Katastrophe gab es an der Stelle der Stadt nur noch ein weites Lava- und Aschenfeld und bald wusste niemand mehr, wo Pompeji gelegen hatte. Erst im Jahre 1763 erkannte man im Laufe von noch ganz unsystematischen Ausgrabungen, dass man auf die Trümmer der Stadt gestoßen war. Doch erst nach der Proklamation des Königreiches Italien 1871 begann die genauere Erforschung des gesamten Stadtgebietes unter kundiger Leitung, wodurch uns heute ein großer Teil der Lebensgewohnheiten im Altertum zugänglich gemacht wurde.

Die Villa dei Misteri schlief bis zum Jahre 1910 einen ungestörten Dornröschenschlaf. Ihre Entdeckung erregte ungeheures Aufsehen in ganz Europa, denn es gibt kaum eine andere Ausgrabung aus der Zeit der Antike, die sich mit diesem kleinen Juwel vergleichen ließe.

Den tiefen Eindruck, den diese Villa hinterlässt, habe ich selbst erfahren, was für mich um so erstaunlicher war, da ich schon vorher Bilder von der Villa und ihren Fresken gesehen und auch darüber gelesen hatte. Aber die Wirklichkeit prägte sich mir ganz anders ein. Ich hatte zuerst Pompeji angesehen und war dort trotz der vielen interessanten Dinge, die ich durchwanderte, melancholisch geworden. Vielleicht lag es an den Ruinen so vieler Neubauten, die noch kaum eingelebt waren, oder daran, dass Pompeji wirklich nur eine Krämerstadt war. Mir kam alles seelenlos vor und als ich zur Villa dei Misteri hinausfuhr, fühlte mich niedergeschlagen und leer.

Dort aber wurde ich von dem unglaublichen Zusammenspiel edler Einfachheit und hoher Kultur, reiner Heiterkeit und einer wahrhaft numinosen Atmosphäre erschüttert. Das erschauernde Gefühl, einem Urerlebnis gegenüberzustehen, ergriff mich tief. Dass diese Atmosphäre erhalten blieb, ist ein Beweis für die Wirkkraft des Psychischen, denn die Villa war nur während verhältnismäßig kurzer Zeit die Stätte eines orphischen Privatkultes, der der Einweihung vornehmer Frauen diente.

Schon vor dem Erdbeben im Jahre 63 wurde sie als Privathaus und nach dem Erdbeben zusätzlich als landwirtschaftlicher Betrieb genutzt. Aber niemand scheint es gewagt zu haben, die Räume im vorderen Teil des Hauses, die kultische Bedeutung hatten, anzutasten und der Einweihungsaal mit den Fresken, über die wir sprechen werden, blieb unverändert erhalten.

Amedo Maiuri[1] unterscheidet fünf Bauperioden des Hauses, die ich nicht alle aufzuzählen brauche. Der Ursprung war ein einfaches, quadratisches Landhaus, aus dem 3. Jh. v.Chr., das später als Fundament einer größeren Villa Rustica diente. Diese wurde dann in der 4. Bauperiode zur augusteischen Zeit zum Heim eines orphischen Privatkultes. Sie erlebte dabei ihre Verwandlung aus einer ländlichen Wohnstätte in eine patrizische, römische Stadtvilla. Die Menschen, die dem Kult angehörten, müssen dort auch gewohnt haben – einige nur zeitweise, andere vielleicht ständig. Dies lässt sich aus der großen

Anzahl von Schlafzellen und Wohnräumen römischer Art schließen. Auch das geräumige Triclinium, das Speisezimmer, wo auf Speisesofas hingelehnt gegessen wurde, lässt vermuten, dass es einer ziemlich großen Anzahl von Menschen gedient haben muss. Viele Räume und Schlafzellen waren zum Teil mit pompejischen Ornamenten, andererseits mit äußerst lebendigen Figurenbildern ausgemalt, von denen einige auch das Leben in der Villa widerspiegeln.

Die Villa muss, von Terrassen und Säulengängen umgeben, zu jener Zeit außerordentlich farbenfroh und reizvoll gewirkt haben. Sie besaß ein großes, heute ganz verträumtes Atrium. Dahinter lag ein geräumiges Peristyl, ein geschlossener, von Säulen umgebener Wohngarten. Verglichen mit diesem reizvollen Ausbau waren die häuslichen Einrichtungen eher bescheiden. Es gab zwar im Küchenhof ein Hypocaustum, eine Art Heizung für eine verhältnismäßig kleine Bäderanlage, und einen Backofen, aber im übrigen Haus gab es weder Heizung noch Wasserleitungen, wie es sonst für die Häuser der besseren Stände damals üblich war. In der Villa wurde offensichtlich puritanisch im altrömischen Stil gewohnt. Es gab das Dauerhafte der Kultur ohne die Aufpolsterung einer vergänglichen Zivilisation. Welch großartige Lebensauffassung sich hierin ausspricht, können wir heute in unserer Faszination für den zivilisatorischen Fortschritt kaum ermessen.

Um neuzeitliche Parallelen zu finden, können wir aber beispielsweise an Weimar denken – an das Schlösschen Tiefurt der Herzogin Anna Amalia oder auch ganz im Kleinen an Goethes Gartenhaus am Stern. Auch dort wehte die Fülle der Kultur und auch dort gab es keine bequeme Zivilisation. Es sind die geistigen Werte allein, die durch die Dinge sprechen. So müssen wir es uns auch für die Villa dei Misteri denken. Es ist möglich, dass das Haus Shakespeares in Stratford upon Avon eine ähnliche Bedeutung hatte.

Gerade deswegen muss das Leben in der Villa fröhlich gewesen sein. Es gibt Reste einer Wandmalerei, die einige höchst gemütlich zusammen schmausende Damen zeigt, und andere Malereien mit sehr heiteren dionysischen Szenen. Aber orgiastisch kann es in der Villa dennoch nicht zugegangen sein, was wir mit größter Sicherheit ausschließen können. Denn das Wahrzeichen der Villa dei Misteri war die portraitähnliche Statue der Kaiserin Livia, die 1929 im Peristyl gefunden wurde.

Da der Haupteingang der Villa in sonst unüblicher Weise von der Rückseite des Hauses direkt ins Peristyl führte, war diese Statue das Erste, das dem Eintretenden in die Augen fiel. Livia, die Gattin des Kaisers Augustus, die von 57 v.Chr. bis 29 n.Chr. lebte, bedeutete damals für die römische Welt eine kulturelle Überzeugung und ein politisches Programm. Livia war die erste Vertreterin des, wie wir heute sagen würden, konservativen Adels.

Gegenüber dem eindringenden Orientalismus – an dem Marcus Antonius zerbrach und dem später Caligula und der letzte Herrscher des claudischen Kaiserhauses, Nero, verfielen – vertrat sie die römische Tradition und die in Rom entwickelten europäischen Werte. Diese Werte hatten ihre Fülle erlangt, nachdem Rom die griechische Erbschaft absorbiert hatte, was schon in den letzten Jahrhunderten der Republik geschehen war. Bereits zu Livias Zeit wurden die Kinder von der Elementarschule an zweisprachig erzogen.

In der augusteischen Zeit aber – fast schon in der Zeit Caesars – vereinigten sich der römische und der griechische Geist zu der europäischen Geistigkeit. Vergil ist so legendär berühmt, weil er der Vergegenwärtigung dieser unerhört bedeutungsvollen *conjunctio* diente, er, der ganz ein Römer und ganz ein Erbe des Griechentums war. Die gleiche kulturelle Bedeutung trägt auf der weiblichen Seite Livia. Nicht Griechenland, sondern Rom ist schon zur Zeit der Republik die Geburtsstätte der europäischen Frau als Kulturgeschöpf und Kulturträgerin. Wenn auch die Lebensformen in vielem anders waren als heute, so war doch die römische Frau nach heutigem Verständnis sowohl gebildet als auch emanzipiert. Das gilt nicht nur für verheiratete Frauen. Die Römer waren gute Juristen und wussten, dass man trotz der bestehenden Gesetze den unverheirateten Frauen die gleiche Bedeutung wie den Matronen geben musste. Wie es Ferrero in seinem Buch *Die Frauen der Caesaren* sagte, wurde die Gleichstellung der Frau mit dem Manne, die wir so gern als unser eigenes moralisches Ziel in Anspruch nehmen, in Rom viel früher erreicht.

Darum konnte Livia an der Seite von Kaiser Augustus als Frau europäische Geistigkeit und Sittlichkeit wirksam vertreten. Sie bezog ihren Gatten, der bei all seiner Liebenswürdigkeit, Lebensfreude und Intelligenz ein Plebejer war, ganz in ihre Adelskultur mit ein, denn sie, die Claudierin, entstammte uraltem Adel. Die Casa Augustea, in der das kaiserliche Paar über 40 Jahre lang als Herrscher wohnte, war Livias Schöpfung und spiegelte ihre Kultur. Dieser kleine, bescheidene Palast wurde nach dem Tode des Paares unverändert erhalten und noch vielen staunenden Generationen als leuchtendes Beispiel gezeigt, ähnlich, wie auch heute noch viele staunende Generationen durch Weimar gehen.

Livia hatte Kaiser Augustus und dem Staat unter den schwierigsten Verhältnissen ihr Leben lang mit unverbrüchlicher Treue gedient, mit einer fast lautlosen Diskretion und – wenn es sein musste – auch mit weiblicher Bosheit. Darum hatte sie nicht nur weite Kreise des Adels, sondern auch das Volk hinter sich. Als Augustus gestorben war, wurde sie, und mit ihr auch ihre gleichgesinnte Schwiegertochter Antonia, zu einer staatserhaltenden Kraft, obwohl die Schwankungen der claudischen Herrschaft oft unberechenbar waren. Schon zu Lebzeiten entwickelte sich Livia zu einem Vorbild – oder vielleicht besser: zu einem Typus. Augustus hat sie in diesem Sinne bewusst herausgestellt. Dieses typische Frauenbild der Livia ist im Abendland nie mehr verlorengegangen.

Statue der Kaiserin Livia

In Bezug auf die weltlichen Lebensformen blieb das Christentum weitgehend dem römischen Vorbild verpflichtet. Besonders die Frau

Kaiserin Livia

blieb in ihrer weltlichen, gesellschaftlichen Existenz ohne es zu wissen in der römischen Tradition verwurzelt. So weit sie zu einer Wirksamkeit in der Welt gelangen konnten, folgten gerade die hervorragenden Frauen des Mittelalters dem Typus der Livia. Um nur ein Beispiel zu nennen, erwähne ich die Markgräfin Mathelda von Toscana, die im Streit zwischen Kaiser und Papst zu ihrer Zeit eine große Rolle spielte und die Dante im irdischen Paradies verehrend neben Beatrice stellte.

In der Renaissance wirkte der Typus der Livia – ich möchte fast sagen – als archetypisches Bild für die gebildete, selbständig werdende Frau der Neuzeit. Auch Goethe kannte dieses Vorbild, denn seine Iphigenie, ein Werk, das er in Italien schrieb, ist ohne die Vorstellung einer hoch kultivierten römischen Frau, in der sich Stille, Takt und einsatzbereite Entschiedenheit paaren, gar nicht zu denken. Als Goethe in *Tasso* schrieb:

> »*Willst Du erfahren, was sich ziemt,*
> *so frage nur bei edlen Frauen an*«,

steht dahinter auch das Bild der Livia. Und doch hat das Bild, das durch Livia verkörpert wurde, für uns etwas Unvollständiges, weil der römischen Frau die bewusste ethische Ausgestaltung der Mütterlichkeit fehlte, welche erst im Christentum ausgebildet wurde. Erst das Idealbild der Mutter Maria lehrte die Frauen, ihre Mütterlichkeit bewusst zu kultivieren und deren Gefühlswerte bewusst zu machen. Natürlich konnten auch die römischen Frauen gute Mütter sein, aber die Mütterlichkeit blieb in ihnen naturhaft und war den gesellschaftlichen und politischen Notwendigkeiten immer untergeordnet.

In der römischen Frau wurde die Beziehung zum Mann bewusst kultiviert. Ich möchte es in dieser Reihenfolge sagen: erstens die Beziehung zu den Vätern, denen die Frauen ihre Bildung, ihre Freiheit und auch die tradierten Formen ihrer Frömmigkeit verdankten; zweitens die Beziehung zum Präzeptor, den das Mädchen der besseren Kreise nach der Elementarschule, die es übrigens zusammen mit den Knaben besuchte, bis zu seiner Verheiratung hatte und der nicht nur Lehrer sondern auch Freund sein konnte, und drittens die Beziehung der Frau zum Mann, dessen Gefährtin und Mitarbeiterin sie war und dessen gefahrvolles Schicksal sie in der Zeit des Imperiums oft in all seiner Schwere teilte.

Ich habe hier immer von Livia allein gesprochen, aber selbst eine Livia hätte in dieser Weise nicht zum Typus werden können, hätte es nicht viele, für uns namenlose adlige Frauen gegeben, die für sie die Grundlage bildeten, indem sie ihr anhingen und lebten und strebten wie diese tapfere Kaiserin. Wie Livia litten damals zahlreiche kultivierte Frauen Roms unter schweren seelisch-geistigen Konflikten, in die der besiegte Orient den Sieger hineinriss. Ich kann hier nicht auf die erschütternde Tragik eingehen, die diese Konflikte gerade für die Frauen des julisch-claudischen Kaiserhauses bedeuteten. Sie waren für alle Frauen jener Zeit tragisch, deren Gefühl für die europäischen Werte wach und lebendig war.

Solche Frauen, die wie Livia kämpften und litten, haben wir uns als Teilnehmerinnen an dem Privatkult in der Villa dei Misteri zu denken. Es müssen Frauen gewesen sein – adlig genug, um eine Statue der Kaiserin Livia zu errichten und sich darum scharen zu dürfen, gebildet genug, um die Schwere der imperialistischen Probleme zu ahnen, lebendig genug, um zu spüren, dass das Leben der Frau nicht erfüllt ist, auch wenn die Beziehung zum Vater, zum Lehrer und zum Gefährten gelebt wird.

Münzprägung mit einer Darstellung der Livia

Dieses kurze Bild, das ich lediglich zur Einführung gebe, lässt natürlich viele Fragen offen. Es wird sich aber mit der Zeit von selbst bereichern, wenn wir über die Fresken im Einweihungssaal der Villa dei Misteri später im Einzelnen sprechen. Was ich hauptsächlich anklingen lassen wollte, ist, dass es sich hier nicht um ein Frauenleben handelt, das für uns nicht mehr nachfühlbar ist. Die Frauen, die in dem Kult der Villa dei Misteri einen Weg zur Erfüllung suchten, waren von uns nicht so verschieden, dass wir sie nicht verstehen oder nichts von ihnen lernen könnten.

Im Gegenteil, im Grunde versucht die moderne Frau immer noch, ihre Emanzipation nach dem römischen Muster zu verwirklichen, denn in Rom gab es schon im 2. Jh. v.Chr. das Vorbild für moderne Frauenvereinigungen wie der einflussreiche *conventus matronarum*, ein Damenclub, aber auch Frauenversammlungen und Frauenkundgebungen. Wie ich schon sagte, wurden auch damals gerade die einsichtigen Frauen genau wie heute von dem quälenden Gefühl bedrängt, dass die Welt nicht alle Probleme lösen kann. Auf die Unterschiede, die es zwischen den römischen und den heutigen Frauen dennoch gibt und die auch lehrreich sind, werden wir ebenfalls zu sprechen kommen.

Es ist noch hinzuzufügen, dass Livia in Rom natürlich auch ihre Gegnerinnen und Gegenspielerinnen hatte. Deren wichtigste und für Livia sowie für den Staat gefährlichste war die ältere Julia (geb. 39 v.Chr.), die Tochter des Augustus aus erster Ehe. Diese Julia war Livias echter Gegenpol, denn sie vertrat die »moderne« kosmopolitische Weltanschauung und wollte die vielfältigen Möglichkeiten des Imperiums vorbehaltlos auskosten. Es war ein berechtigter Drang, denn Rom musste mit den materiellen auch die geistigen Güter der besiegten Völker absorbieren. Gleichzeitig lag aber darin auch eine große Versuchung, wie man gerade am Beispiel der Julia sehen kann.

Dieses geliebte Kind des Augustus muss eine prächtige junge Frau gewesen sein. Sie hatte die Lebensfreude und Liebenswürdigkeit ihres Vaters geerbt. Sicher hatte sie unendlich viel mehr Charme als Livia, denn ihr flogen alle Herzen zu. Sie versammelte in einer großen Partei all jene Kosmopoliten um sich, die nicht nur regieren, sondern auch genießen wollten, die nicht nur alle Reichtümer der durch Rom erschlossenen Kulturen, sondern auch alle Finessen internationaler Zivilisation einforderten. Julia und ihre Anhänger wurden zu einer Macht im Staate und Livia war lange Jahre hindurch weise genug, ihrer Stieftochter alle Macht zu gönnen, die sie sich nur wünschte. Im Jahre 21 v.Chr. wurde Julia in zweiter Ehe mit Agrippa, Augustus' treuestem Kampfgenossen, vermählt, der 18 v.Chr. zum Mitregenten des Kaisers ernannt wurde.

Nun war Julia also ihrer Stiefmutter gleichgestellt. Als Gattin des alternden Agrippa begleitete sie ihn auf jener triumphalen orientalischen Weltreise, bei der sie sich auf den griechischen Inseln als Aphrodite vergöttlichen ließ. Hier sehen wir die Verführung: Julia, das Haupt der »modernen« Partei, hat als erste die dem römischen Geist so fremde Idee der Apotheose zu Lebzeiten in das römische Kaiserhaus eingeführt. Sie war das Vorbild eines Caligula oder Nero, eine historische Tatsache, die man nicht übersehen darf, besonders dann, wenn man die Bedeutung der Livia recht verstehen will, die so lange wie möglich Julias Pläne nicht durchkreuzte.

Es konnte dann, im Jahre 2 v.Chr., grausam erscheinen, mit wieviel kaltem Vorbedacht sie ihre Stieftochter endlich doch stürzte und in lebenslängliche Verbannung trieb. Livia war die einzige, die gegen das Lieblingskind des Augustus aufzutreten vermochte, als deren Partei wirklich staatsgefährlich wurde. Die Kaiserin handelte damals mit der größten Entschlossenheit und hatte ein überpersönliches Recht auf ihrer Seite. Sie stand damals, wie auch später immer wieder, für die heimatliche Erde und für das Erbe der Ahnen ein, die auch unsere Ahnen sind. Das, was der Dichter Vergil als Sänger vertrat, das vertrat Livia handelnd und erleidend, nämlich die Heimatliebe inmitten der Stürme imperialer Entwicklung. Darum war Livia trotz einiger Schattenseiten groß. Darum hatten die Frauenkreise, die sich um sie scharten, auch die größten, nämlich die zukünftigen Entwicklungsmöglichkeiten auf ihrer Seite.

Anlage des Einweihungssaales und dessen Bedeutung

Wenn man vom Eingang der Villa durch das Peristyl und das große Atrium weiterschreitet, findet man den Einweihungssaal in der vorderen Hälfte des Hauses auf der linken Seite gelegen. Der Raum ist sieben mal fünf Meter groß; den Boden ziert ein schwarz-weißes Mosaik. An der äußeren Längswand befindet sich ein großes Fenster, das den Blick auf eine gedeckte Terrasse freigibt. An der südwestlichen Schmalwand führt eine breite Tür ebenfalls auf eine gedeckte Terrasse, von der ehemals der Blick über die sanft abfallende Ebene schweifte.

Den Eingang zum Saal erreicht man im Inneren des Hauses durch zwei kleine ineinandergehende Zellen. Die erste könnte als Garderobe gedient haben, in der zweiten scheinen Opfer gebracht worden zu sein. Es wurden dort Reste von Knochen und in einem Wandschrank Opferschalen gefunden.

Von hier aus führte eine kleine, niedere Pforte in den Saal. Hier beginnen die Fresken rings um den Raum zwischen einem oberen und einem unteren Fries. Sie enthalten im ganzen 29 menschliche Gestalten, die mit 145 bis 155 cm Höhe für die damalige Zeit lebensgroß sind. Die Fresken zeigen Szenen, die ich nach Maiuri im Folgenden in aller Kürze beschreibe, damit wir einen Überblick über die Anlage erhalten und über ihre Bedeutung sprechen können.

Die 1. Szene an der inneren Längswand dicht neben der niederen Pforte zeigt die verschleierte Gestalt einer lauschenden Initiandin, deren Gesten wahrscheinlich eine rituelle Bedeutung haben. Ein nackter Knabe liest ihr aus einer Schriftrolle vor. Eine Priesterin, die hinter ihm sitzt, beaufsichtigt ihn dabei und sieht gleichzeitig aufmerksam zur Initiandin.

Die 2. Szene zeigt eine myrtenbekränzte Frauengestalt, die auf einem Tablett einen Kuchen trägt. Sie bringt ihn zu einem Altartisch, an dem eine Priesterin eine rituelle Handlung vollzieht. Zur Linken der Priesterin hebt eine Dienerin einen verhüllten Korb empor. Zu ihrer Rechten gießt eine junge Priesterin Libationswasser, geheiligtes Wasser, als Trankopfer aus.

Die 3. Szene leitet über zur Gestalt eines halbnackten Silens, der die Leier spielt. Neben ihm sitzen bei einer kleinen Felsengruppe ein junger Faun und eine Paniske, beides Begleiter des Pan. Ein Zicklein schmiegt sich an den Flöte spielenden Faun, ein zweites Zicklein saugt an der Brust der Paniske. Zuvorderst steht ein junger Bock, aufmerksam in den Raum lauschend.

Die 4. Szene enthält nur eine einzige Gestalt, die sogenannte erschrockene Frau, die den Mantel überwirft und zu fliehen scheint. – Hier ist die innere Längswand zu Ende.

Auf der 5. Szene an der Rückwand des Saales sehen wir zunächst einen sitzenden Silen, der sich zurückwendet und auf die erschrockene Frau zu horchen scheint. Gleichzeitig erhebt er zur anderen Seite ein Metallgefäß. Ein junger Faun hinter ihm bückt sich und schaut in das Gefäß hinein. Dahinter steht ein zweiter junger Faun, der lächelnd eine dionysische Schreckensmaske emporhält.

Die 6. Szene in der Mitte der Rückwand ist leider stark zerstört. Sie zeigt als beherrschendes Bild Dionysos, der sich an seine geliebte Ariadne lehnt. Ein bebänderter Thyrosstab, ein mit Feuer gefülltes und mit einem Pinienzapfen verschlossenes Rohr, liegt über seinen Knien.

Auf der 7. Szene sehen wir zuerst die Gestalt einer knienden Frau mit Mütze. Ihre Züge sind verzerrt, die Augen weit aufgerissen. Sie trägt eine Fackel auf der Schulter, vor ihr steht die bacchische Schwingenwiege, ein flaches Getreidesieb. Ihre Geste zeigt, dass sie die Hülle über einem großen Phallus zu lüften versucht. Hinter ihr sind zwei stark zerstörte Frauengestalten gerade noch sichtbar. Vor ihr schwebt ein schwarzgeflügelter Engel und hebt abwehrend die Hand gegen sie. Gleichzeitig holt er mit der anderen Hand, die eine Gerte trägt, zum Schlag aus, der meist als die »Flagellation«, die Geißelung, bezeichnet wird. Hier ist die Rückwand des Saales zu Ende, weshalb Maiuri die nächste Gestalt schon zur 8. Szene rechnet.

Hier kniet eine halb entblößte Frauengestalt, bestürzt und erschrokken, denn sie ist es, die dem Schlag des Engels ausgeliefert ist. Sie hat den Kopf in den Schoß einer neben ihr sitzenden Frau gelegt, die den Engel ansieht. Die nächste Gestalt dieser Szene ist eine hochaufgerichtete, nackte Bacche, die dem Beschauer den Rücken zuwendet. Eine schön bekleidetete Frau, die den Thyrsos trägt, scheint sie zu umtanzen. Diese Szene nimmt den Raum der äußeren Längswand bis zum Fenster ein.

Die 9. Szene auf der anderen Seite des Fensters zeigt eine Dame, die von ihrer Dienerin frisiert wird. Ein Erote hält den Spiegel, ein zweiter Erote hinter der Dame, bereits jenseits der Ecke auf der äußeren Schmalwand, schaut gelassen zu.

Rechts neben der großen Tür, die zur Terrasse vor dem Hause führt, ist nur eine einzige, die 10. Szene: Es ist das Bild einer reich gekleideten Dame, die in einem Lehnsessel ruht, einen Arm auf ein Kissen gestützt. Dieses Bild wird meist als »Domina« bezeichnet, weil man glaubt, es sei das Portrait der Dame des Hauses.

Es wird allgemein angenommen, dass diese Bilderfolge zu einem orphischen Privatkult gehörte. Maiuri ist auch dieser Meinung und trägt alle Gründe zusammen, die diesen Schluss zu rechtfertigen scheinen. Ebenso begründet er auch, warum die Gefährtin des Dionysos auf dem großen Mittelbild als Ariadne bezeichnet werden muss. In Bezug auf diese beiden Punkte herrscht unter den Gelehrten eine gewisse Einstimmigkeit, die genügt, dass wir uns darauf stützen können. Über alles andere jedoch sind sich die Gelehrten nicht einig geworden, im Gegenteil: Die verschiedensten Vermutungen führten lange zu den heftigsten Kontroversen. Viele Gelehrte begnügen sich heute mit der Feststellung, dass man über die Bedeutung der Fresken nichts wissen könne. Die Villa selbst gibt keine Auskunft, sie enthält keine Worte, keine Inschrift, die sich auf den Kult bezöge. Sie ist eine *casa muta*, ein stummes Haus, das man in dieser Hinsicht etwa mit dem bekannten alchemistischen *liber mutus* vergleichen könnte.

Durch eine deutsche Forscherin namens Bieber[2] angeregt, hat sich am ehesten die Ansicht durchgesetzt, es handle sich bei den Fresken zum Teil um die Einweihungsriten einer Braut vor der Hochzeit. Die deutsche Forscherin wird oft und gern zitiert, denn ihr Vorschlag wäre entschieden die bequemste Lösung. Die Darstellung von Dionysos und Ariadne wird dabei als Prototyp der Hochzeit aufgefasst. Die Szene der Flagellation wird mit Fruchtbarkeitsriten verglichen, wie sie z.B.

in Sparta im Tempel der Artemis Orthia oder an den römischen Lupercalien stattfanden, den Feiern, bei denen Mädchen Peitschenhiebe erhielten, um sie fruchtbar zu machen.

Ein einfaches Gemüt kann sich vielleicht mit derartigen Interpretationsversuchen begnügen. Stimmen können sie aber schon darum nicht, weil die römischen Mädchen meist schon sehr jung, zwischen dem 12. und 16. Jahr, zum ersten Mal verheiratet wurden, wie Friedländer nachweist. Da die Ehe leicht lösbar war und viele Frauen daher mehrmals heirateten, ist dies sicher der größte Unterschied zwischen der Lebensnorm der römischen und der modernen Frau. Die Frauen auf den Fresken der Villa sind aber keine Kinder und die furchterregende Szene mit dem schwarzgeflügelten Engel und der bestürzt knienden Frau lässt sich nicht mit den karnevalistischen Bräuchen der Lupercalien vergleichen, ganz abgesehen davon, dass die Vereinigung von Dionysos und Ariadne keine weltliche Hochzeit, sondern die ganze Tiefe eines Wandlungsmysteriums ankündigt.

Wir müssen also von der Tatsache ausgehen, dass es zu den Fresken der Villa dei Misteri keine Überlieferung gibt, an die wir uns halten können. Diese Bilder haben aber etwas so einzigartig Lebendiges und Originelles – sie stellen deutlich ein Entwicklungserlebnis von einem Anfang bis zu einem Ziele dar – dass ich mich frage, ob man sie nicht vom psychologischen Standpunkt aus wie eine Traumserie betrachten und die einzelnen Symbole methodisch anreichern könnte.

Die Bewusstseinslage der römischen Frau zu Beginn der Kaiserzeit ist, wie ich anfangs andeutete, im Allgemeinen bekannt und nachvollziehbar. Damit wäre schon eine Voraussetzung für eine solche Betrachtung gegeben. Eine andere Voraussetzung ist, dass wir auch in Bezug auf mythologisches Material auf reichlich fließende Quellen zurückgreifen können. Ich hebe hier vorläufig nur Roschers *Lexikon der griechisch-römischen Mythologie* (1884 ff), Walter F. Ottos *Dionysos*, ferner Erwin Rhodes *Psyche* (1893) und Kerényis *Mythologie der Griechen* (1951) hervor. Ich habe überdies das Glück, mich auf Vorlesungen stützen zu dürfen, die Prof. Kerényi in privatem Kreise in Zürich gehalten hat. Ich habe ihn auch persönlich zu Rate gezogen und er hält es – wie ich – für erlaubt, die verschiedensten Versionen und Traditionen der Dionysosmythen zum Verständnis heranzuziehen, denn die Fresken der Villa stammen aus einer Zeit, in der bereits alle Mythen in dem großen Mischkessel der Hellenistik zusammengeflossen waren.

Was nun die psychologische Voraussetzung betrifft, so ergibt sie sich direkt aus der Freskenfolge, denn diese ist durch folgende Merkwürdigkeiten ausgezeichnet: Die Bilder laufen im Kreis um den Saal, aber keine einzige der abgebildeten Gestalten ist dem großen Mittelbild des Dionysos und der Ariadne zugewandt, keine einzige sieht auf dieses Bild und die ihm zunächst Stehenden wenden sich ausdrücklich von ihm ab. Auch die beiden Gestalten des Dionysos und der Ariadne selbst sind auf die anderen Gestalten nicht bezogen, – sie sind etwas ganz in sich Abgeschlossenes. Das ist so auffallend, dass man es vor allem anderen berücksichtigen muss. Dionysos und Ariadne sind zwar das Zentrum des Bildgeschehens, man könnte sich daher ihre Darstellung auch in der Mitte des Saales denken, aber sie sind gegenüber allem anderen unzugänglich – man könnte fast sagen: Sie sind als unsichtbar anwesend dargestellt. Sie verkörpern das dem menschlichen Auge entrückte zentrale Symbol, das die Urgegensätze des Männlichen und des Weiblichen in der *conjunctio* vereinigt. Psychologisch gesprochen sind sie in diesem Raum das Symbol des Selbst.

Mit diesem Zentrum stellen die Fresken als Ganzes ein großes Mandala dar, das sich wiederum aus vielen kleinen Mandalas zusammensetzt. Jede einzelne der Szenen enthält ein Symbol, das dem zentralen Symbol entspricht und es gewissermaßen vertritt. Wenn man durch die enge Pforte hindurchgeschlüpft ist – und dieses Durchschlüpfen ist schon das erste Symbol der Einweihung – steht man in einem *temenos*, einem geweihten Umkreis. Von einem der kleinen Mandalas zum nächsten den Raum durchschreitend, begeht man eine *circumambulatio*, die von Schritt zu Schritt und von Szene zu Szene einem Ziel entgegenstrebend eine immer neue Bedeutung entfaltet.

Das alles weist deutlich auf eine Individuationssymbolik hin. Die psychologische Voraussetzung, die durch die Anordnung der Fresken gegeben ist, wäre also die Idee des Individuationsprozesses. Der zyklische oder spiralförmige Weg um ein beherrschendes Zentrum, das sich von Stufe zu Stufe wandelnd manifestiert, aber selbst stets verborgen bleibt, ist im Wesentlichen das, was wir unter dem Individuationsprozess verstehen.[3]

> *»Der Weg zum Ziel ist zunächst chaotisch und unabsehbar; nur ganz allmählich mehren sich die Anzeichen einer Zielgerichtetheit. Der Weg ist nicht gradlinig, sondern scheinbar zyklisch. Genauere Kenntnis hat ihn als Spirale erwiesen: Die Traummotive kehren nach gewissen Intervallen immer wieder zu bestimmten Formen zurück, die ihrer Art nach ein Zentrum bezeichnen ... Man könnte solche spiraligen Verläufe mit den Wachstumsvorgängen bei Pflanzen in Parallele setzen, wie ja auch das Pflanzenmotiv (Baum, Blume etc.) in solchen Träumen und Phantasien häufig wiederkehrt und auch spontan zeichnerisch dargestellt wird. In der Alchemie ist der Baum das Symbol der hermetischen Philosophie.«*

Das entsprechende Symbol unseres orphischen Mysterienkultes ist, wie sich in der 7. Freskenszene erweisen wird, Dionysos als Fichte. Weiter sagt C. G. Jung:

> *»Die Entwicklung dieser Symbole ist sozusagen gleichbedeutend mit dem Heilungsvorgang. Das Zentrum, respektive das Ziel, hat also im eigentlichen Sinne des Wortes Heilsbedeutung ... Es scheint mir kein Zweifel daran möglich, dass es sich bei diesen Vorgängen um die religionsbildenden Archetypen handelt. Was immer die Religion sonst noch sein mag – ihr empirisch fassbarer, psychischer Anteil liegt unzweifelhaft in solchen Manifestationen des Unbewussten.«*

Wir müssen allerdings die Idee dieses Prozesses weit und allgemein menschlich genug fassen, wenn wir sie auf ein antikes Einweihungsmysterium anwenden wollen. Ich verweise dazu wieder auf C. G. Jung[4], der eine umfassende Darstellung der Individuationsvorgänge gibt, auf die wir uns durchweg stützen werden:

»Der natürliche Mensch ist kein Selbst, sondern Massenpartikel und Masse bis zu dem Grad, dass er seines Ichs nicht einmal sicher ist. Darum bedarf er schon seit uralten Zeiten der Wandlungsmysterien, die ihn zu »etwas« machen und damit der tierähnlichen Kollektivpsyche, die ein bloßes Vielerlei ist, entreißen.
Wird aber das unansehnliche Vielerlei des ,gegebenen' Menschen verworfen, so wird auch seine Integrierung, die Selbstwerdung verunmöglicht – und das ist geistiger Tod. Nicht, dass Leben an und für sich geschieht, sondern dass es auch gewusst werde, das ist wirkliches Leben. Nur die geeinte Persönlichkeit kann Leben erfahren, nicht aber jenes in Teilaspekte aufgespaltene Ereignis, das sich auch Mensch nennt.«

Das sind ganz allgemeine und doch eindrucksvolle Formulierungen zum Problem der Individuation oder Selbstwerdung. Diese führt von der fundamentalen Unsicherheit des in der Welt verstrickten natürlichen Menschen durch eine völlige Wandlung zur geeinten, befriedeten Persönlichkeit. Auch der antike Mensch, der diese Wandlung in den Mysterienkulten erlebte, wurde dabei vom Bedürfnis angetrieben, dem geistigen Tod zu entgehen. Das Leben zu wissen, wie Jung sagt, lernte er, aber auf eine etwas andere Weise als wir: Er unterwarf sich dem heiligen Geschehen eines kultischen Dramas, so wie es tradiert war, um göttliches Schicksal und göttliche Wandlung nachzuerleben.

Solange die Elemente der Mythologie für die Menschen lebendig waren, konnte die Teilnahme an einem Mysterienkult für jeden Einzelnen ein Urerlebnis sein, d.h. der Teilnehmende konnte dabei unmittelbar durch archetypische Bilder berührt, erschüttert und dadurch der Kollektivpsyche, die ein bloßes Vielerlei ist, entrissen werden. Aus den Fresken der Villa dei Misteri scheint außerdem hervorzugehen, dass dieses Vielerlei durch den orphischen Kult nicht verworfen wurde.

Ich habe dies so ausführlich dargelegt, weil mir sehr daran liegt, dass wir uns über unseren Ausgangspunkt im Klaren sind. Was ich meinen folgenden Betrachtungen zugrunde lege, ist die Hypothese, dass die Fresken der Villa dei Misteri in einer der damaligen Zeit gemäßen Form Individuationsvorgänge abbilden. Es ist eine bloße Arbeitshypothese und es wird sich erweisen müssen, wie weit sie zutrifft. Alles wird darauf ankommen, ob die Anschauungen, zu denen wir mit Hilfe dieser Hypothese gelangen, einleuchtend sind, ob sie einen Zusammenhang bilden und ob es uns gelingt, immer wieder den Faden aufzugreifen, der uns von Schritt zu Schritt leitet und prozesshafte Bedeutung enthüllt.

Wenn ich mich hier, wie manchmal auch im Folgenden, persönlicher ausdrücke, als es üblich ist, so möge man mir dieses verzeihen und es nicht als Unbescheidenheit auslegen. Es darf nicht verschleiert werden, wenn meine Betrachtungen von individuellen Eindrücken angeregt wurden. Dies wäre auch überflüssig, da der psychologische Standpunkt der Jung'schen Lehre, auf die ich mich durchwegs stütze, die wissenschaftliche Objektivität garantiert.

Nur von diesem Standpunkt aus verwende ich das unschätzbar reiche Material, das uns die altphilologische Forschung geschenkt hat. Dieser Forschung ist es zu verdanken, dass psychologische Betrachtungen, wie die vorliegende, heute überhaupt möglich sind. Das verpflichtet mich allerdings dazu, die Grenzen der analytischen Psychologie nie zu überschreiten. Darum gehe ich auch auf die Kontroversen in Bezug auf die Bedeutung der Freskenfolge in der Villa dei Misteri, die die Altphilologie eine Zeitlang beschäftigten, hier so wenig wie möglich ein. Sie können nur insoweit Erwähnung finden, als es für die psychologische Auseinandersetzung notwendig erscheint.

Mythologische Voraussetzungen des Mysterienkultes: Dionysos und Ariadne

Um eine gewisse Übersichtlichkeit zu gewinnen, scheint es mir notwendig, hier einige einleitende Bemerkungen zur Bedeutung des zentralen Bildes im Einweihungssaal der Villa anzuschließen. Sie wollen jedoch nicht die großen Gestalten des Dionysos und der Ariadne erschöpfend beschreiben. Wir dürfen in dieser Beziehung nicht vorgreifen. Es gehört mit zum Sinn des Mysterienkultes, dass sich die göttliche Wirklichkeit der beiden dominierenden Gestalten im Laufe des Einweihungsweges schrittweise enthüllt, wie es der Erlebnisfähigkeit der Mystin im Augenblick angepasst ist.

Wir werden daher in jeder einzelnen Freskenszene zuerst Dionysos und dann Ariadne immer wieder auf neue Weise begegnen. Wir werden sie in ihrer Bedeutung zu verstehen lernen, indem wir betrachten, wie die Mystin sie erfährt. Was ich im Folgenden versuche zu vermitteln, ist daher lediglich ein Hinweis, dass Dionysos und Ariadne Symbole von zentralem Charakter sind, d.h. dass sie, psychologisch gesprochen, das Selbst und die Selbstwerdung personifizieren.

Im orphischen Kult ist Dionysos die Gottheit, deren vorbildliches Schicksal jeder Myste und jede Mystin in der Einweihung nacherlebt. Es ist möglich, dass das Hereinragen dieser göttlich-dämonischen Gestalt gewisse moderne Forscher veranlaßte, sich in Bezug auf die Bedeutung der Fresken in der Villa dei Misteri harmlos zu stellen und zu behaupten, es wäre nur die Vorbereitung auf eine Hochzeit. Die alte Furcht des frühen Christentums, das in Dionysos den diabolischen Nebenbuhler Christi sah, auch die Furcht des Mittelalters, dem er als der Herr der Hexen erschien[5], klingt noch heute nach; und wenn wir an das Schicksal Nietsches denken, so können wir das vielleicht verstehen.

Der alte thrakische Dionysos war eine unheimliche Gestalt, Herrscher der Toten und der Seelen, der mit den legendären Mänaden durch die Wälder stürmte und seine Anhänger zum Orgiasmus hinriss, ihnen aber auch die Gabe der Prophezeihung verlieh. Diese erste, unterweltliche Bedeutung lebt in allen Ausformungen der Dionysosgestalt.

Auch in Delphi, wo sich Dionysos mit Apollo versöhnt, ist er die Sonne der dunklen Winterzeit – eine Unterweltsonne, möchte man sagen – und auch dort wurde ihm mit Raserei gehuldigt. Heraklit sagte von Dionysos: »*Es ist Hades, dem sie rasen und Feste feiern,*« d.h. in seiner Nähe wehte der Tod. Er war der wilde Jäger, aber auch das gejagte Wild – er war der Verschlingende, der *omestes*, und auch der, der verschlungen wurde. Er schlug die Menschen mit Wahnsinn, aber als der Dionysos Lysios erlöste er sie auch vom Wahn. Zerstückelt und wiedergeboren war er ein typischer Erlösergott.

Nach der orphischen Tradition war Dionysos als Schlange der Sohn des chtonischen, also des erdhaften Zeus in Form der Schlange und der Persephone. Er wurde Dionysos-Zagreus, der Zerstückelte, genannt, denn die eifersüchtige Hera stiftete die Titanen gegen den jungen Jäger auf und es hieß, er habe auf der Flucht vor ihnen Tierform angenommen, er wurde zum Zicklein, zum Reh und zum Stier; die Titanen aber holten ihn ein, zerrissen ihn und aßen die Stücke. Nur sein Herz wurde von Pallas gerettet; sie brachte es dem Vater Zeus, der die schuldigen Titanen mit seinem Blitzstrahl zerschmetterte und sie zu Asche verbrannte, aus der nach der orphischen Tradition die Menschen entstanden.

Die orphische Lehre besagt, dass dadurch die Menschen die titanische Natur und die titanische Schuld geerbt haben. Dieser griechischen Tradition zufolge gibt es also eine Erbschuld, eine Parallele zur christlichen Erbsünde. Mit der Asche der Titanen und ihrer Schuld erbte aber jeder Mensch auch einen Partikel des Gottes, den jene verschlungen hatten. Seither werden die Menschen von dem in ihnen tobenden Konflikt zwischen ihrer titanischen Natur und dem göttlichen Anteil, ihrer unsterblichen Seele, zerrissen.

Auf dieser Vorstellung gründet der orphische Mysterienkult, der die titanische Schuld wiedergutmachen und den Menschen von seinem Konflikt befreien will, indem er das Schicksal des Gottes kultisch nacherlebt. Wenn der Mensch im Mysterienkult wie der Gott stirbt, wird der göttliche Funke in ihm befreit und vereinigt sich mit dem Gotte.

Über die Wiedergeburt von Dionysos gibt es zwei Überlieferungen. Nach der einen verbarg Zeus das Herz des Zagreus in seinem Schenkel und brachte ihn so wieder zur Welt. Nach der anderen gab er seiner irdischen Geliebten Semele das Herz in einem Trunke. Als sie den neuen Dionysos gebar, tötete Zeus sie mit seinem Blitz.

Kerényi sprach einmal in diesem Zusammenhang von Dionysos als einem Dreimalgeborenen: einmal von Persephone als Zagreus, einmal aus dem Schenkel des Zeus und einmal von Semele geboren. Die verschiedenen Versionen der Wiedergeburt scheinen aber eher ein Dilemma in Bezug auf den schöpferischen Prozess anzudeuten, der in jener Epoche im Mittelmeergebiet sichtbar wurde.

Überall erschien damals das Bild des sterbenden und sich erneuernden Erlösers, aber im griechischen Raum war das Symbol der Erneuerung zunächst doppeldeutig:

Wenn Dionysos aus dem Schenkel des Zeus wiedergeboren wird, so verläuft der Prozess ganz im Jenseitigen, dem Menschen entrückten Götterbezirk und der Wiedergeborene ist nur ein Gott. Reicht dagegen Zeus der Menschenfrau den gefährlichen Trank, wird das Menschliche an den Prozess angeschlossen und Dionysos lebt als Gott-Mensch wieder auf. Dann erst ist er eine wirkliche Parallele zu Christus.

Im Allgemeinen hat sich diese Version als die meist verbreitete durchgesetzt. Semele, die Mutter des Gottmenschen, bleibt dabei ähnlich wie die Mutter Christi eine reine Gestalt, indem Zeus sie während der Geburt, der keine Vereinigung, sondern ein Trunk vorausging, durch sein Feuer der Welt entrückt. Sie lebt in der Unterwelt fort, bis Dionysos sie erlöst und zu den Himmlischen bringt.

In gleicher Weise erlöst er auch die Bacchantinnen, die für ihn starben. Viele Legenden von Martyrien, die auch Vorbilder für die orphische Einweihung sind, verbinden sich mit seinem Kult. Dionysos erscheint darin immer als der Erlöser.

Der Wiederauferstandene ist dann der triumphierende Dionysos, der immer mehr zu einem vereinigenden Symbol wird. Er ist nicht nur der Gottmensch, dessen zyklisches Erscheinen auf der Erde immer wieder gefeiert wird, sondern er bleibt als Herrscher der Seelen Hades, der Gott der Unterwelt. Er ist Leben und Tod in einem. Er ist nicht nur feurig und anfeuernd, er ist auch wässerig, denn immer kommt er vom Wasser her – aus einem See oder über das Meer. Als Zicklein und als Stier ist er animalisch, – im Efeu, im Wein, in Pinie und Fichte ist er pflanzlich. Er ist das kleine Kind, der schöne Jüngling und der reife, bärtige Mann. Nach seiner Wiedergeburt in der Schwingenwiege oder im orphischen Früchtekorb erscheint er als Phallus – d.h. als schöpferisches Prinzip.

Die menschliche Dionysosgestalt wurde jedoch nie phallisch abgebildet. Durch die Verwobenheit von männlichen und weiblichen Zügen wird angedeutet, dass er hermaphroditisch – männlich und weiblich, Geist und Seele, in einem ist.

Da der orphische Dionysos letztlich alle Gegensätze in sich vereinigt, wie weiter unten im Text zu den Fresken erläutert wird, und gleichzeitig für den Menschen zum erlösenden Ziel wird, verkörpert er das Selbst als Zentrum, jedoch nicht als ein himmlisches Licht oder als eine höhere Ordnung, denn Dionysos leuchtet stets aus der Tiefe. Er ist immer das ganz Unerwartete, das den Menschen schaudernd überfällt, ein irrationales, emotionales Ereignis, das aufsteigt, eine Erschütterung, die hereinbricht und der man sich nicht entziehen kann.

Aber Dionysos ist noch mehr, denn das, was bei ihm immer lebendig bleibt, was nie stirbt und woraus die Erneuerung hervorgeht, ist sein Herz. In seiner Tiefe ist das Wesen des Dionysos' das klopfende Herz, das liebende Erglühen. Wo Dionysos als Symbol des Selbst erscheint, stehen das Herz und die ganze Skala der Gefühle im Zentrum, von der bitteren Süßigkeit herzzerreißender Leidenschaft und der Todesnot der Liebe, bis zur Mitfreude und zum Mitleiden an aller Kreatur und bis zur fremden Fühlung neuer höchster Werte, durch die das menschliche Herz und die menschliche Tiefe ergriffen, gewandelt und erlöst werden kann.

Die ganze Bedeutung des Dionysos für unseren Mysterienkult aber geht aus seiner Vereinigung mit Ariadne hervor. Kerényi sagt, dass es in der griechischen Mythologie kein anderes Paar gäbe, das sich mit Dionysos und Ariadne vergleichen ließe. Und wirklich – in diesem einzigartigen Paar durchdringen sich das Männliche und das Weibliche, das Göttliche und das Menschliche ganz und beide werden dabei gewandelt.

Ariadne war eine Tochter des mythischen Kreterkönigs Minos und der Pasiphae. Wir befinden uns hier auf einer ganz archaischen chtonischen Ebene. Der chtonische Zeus als Stier und Europa waren die Eltern des Minos und seiner Brüder; sie waren also Stiersöhne. Die Eltern der Pasiphae waren Helios, die alte Sonne, und Perse, eine Gestalt, die ebenfalls Sonnenbedeutung hat. In der Tochter Pasiphae schlägt das Urlicht der Eltern in Dunkelheit um, sie ist im Mythos eine nächtliche Himmelskuh und erscheint daher als Gattin des Stiersohnes. Als Götterkinder sind Minos und Pasiphae göttlich, als mythisches Königspaar sind sie Menschen.

Minos und Pasiphae hatten einige Schwierigkeiten, bevor sie menschliche Kinder zeugen konnten. Minos brachte statt der Samen zuerst nur wimmelnde Insekten hervor und von diesem Übel wurde er erst durch die liebende Prokris befreit. Pasiphae bevorzugte ihrerseits zuerst einen hergelaufenen Sonnenstier, von dem der Mythos sonst nichts weiß, und wurde durch ihn die Mutter des schrecklichen Minotaurus, für den der Künstler Dädalos das berühmte kretische Labyrinth als unterirdisches Mandala erbaute, um ihn zu verbergen. Erst nachher kamen die beiden menschlichen Töchter zur Welt, Ariadne und Phaidra.

Wir haben hier ein Beispiel für das, was man oft die «chronique scandaleuse« der griechischen Mythologie nennt. In Wirklichkeit handelt es sich aber um eine sinnreiche symbolische Darstellung eines noch ganz unbewussten Urzustandes. Das mythische Kreta ist in dieser Hinsicht ein chtonisches Paradies, in dem das männlich Geistige zuerst nur als krabbelnde Erregung und das weiblich Gemüthafte nur als schweifende Triebhaftigkeit erscheinen und in dem das Göttliche und das Tierische, das Lebenspendende und das Destruktive, in Ungeschiedenheit heilig walten.

In diesem urtümlichen Raum treten die Gegensätze zuerst als Ariadne und Phaidra greifbar auseinander. Ariadne ist ein menschlich-göttliches Mädchen, sie ist sterblich, trägt aber den wichtigen Beinamen der Göttin der Unterwelt, Persephone, die unberührbar Reine, Hochheilige. Durch diesen Namen zeigt sich, dass Ariadne nächtlich-unterirdischen Charakter hat; daher kennt sie den Weg in das unterirdische Labyrinth. Phaidra dagegen, die Glänzende, Lichte, gehört ganz der Tageswelt an und in ihr wiegt das Menschliche vor.

Der Mythos berichtet, wie Ariadne in Schuld verfiel. Sie hatte schon immer dem Stiergott Dionysos angehört, wurde ihm aber untreu, als sie in Liebe zu dem Athener Theseus fiel und ihm half, ihren Halbbruder, den Minotaurus zu töten, um den jährlichen Menschenopfern, die er forderte, Einhalt zu gebieten. Dann floh sie von Kreta mit Theseus, der ihr die Ehe versprochen hatte, und auch Phaidra floh mit ihnen.

Theseus ist eine lichte Gestalt, ein Sonnenheros, in dem zugleich, als einem Athener, die menschliche Kultur hervorgehoben ist. Mit ihm fliehend wandte Ariadne ihrem nächtlichen Ursprung den Rükken. Aber ohne die Ehe mit ihr vollzogen zu haben, verließ Theseus während der Heimfahrt Ariadne auf der Insel Naxos, als sie schlief. Für die Kunst ist das Bild der verlassenen, schlafenden Ariadne auf Naxos zu einem beliebten Motiv geworden.

Nach einer anderen Überlieferung war es Artemis, die auf Wunsch des erzürnten Dionysos Theseus von Naxos verwies und Ariadne tötete. Theseus nahm dann Phaidra als Gattin mit nach Athen. Nach einer anderen Version erhängte sich Ariadne in ihrer Verzweiflung auf Naxos. Dann aber folgt der großartige Wendepunkt. Dionysos naht vom Meere herkommend der Insel und vollzieht mit Ariadne die heilige Hochzeit.

Am Anfang seines Dramas *Ariadne auf Naxos* hat Hoffmannsthal die Wende von der Verzweiflung zur Erfüllung ungemein sinnreich dargestellt: Die verlassene Ariadne ist allein, sie ruft, sie sehnt sich nach dem Tod, aber als Dionysos naht, erkennt sie ihn nicht. Es ist der Tod, dem sie sich in die Arme wirft.

Auch Dionysos erkennt Ariadne nicht. Er, der Bringer des Wahns, ist selbst von Sinnen. Auch er ruft, er sehne sich nach seiner Mutter, der Unterweltgöttin – und findet Ariadne.

Diese Darstellung ist mythisch wahr, denn Ariadne ist insgeheim, in sterblicher Form, die unberührbar heilige Persephone, des Dionysos früheste Mutter. Sie umarmt er hier als Geliebte; und für Ariadne wiederum ist der unterirdische Herr der Seelen der Tod, der ihr aber in heiliger Hochzeit Wandlung und Auferstehung bringt.

Ariadne auf Naxos wird in diesem Zusammenhang auch Aridela genannt. Das Wort »aridelos« bedeutet: Sehr deutlich, klar sichtbar. Dieser Name bedeutet also, dass Ariadne, die vorher eine dunkle war, sich auf Naxos klärt.

Aber auch Dionysos wandelt sich, denn auf Naxos offenbart er den Wein. Der Stiergott wird damit zum Gott des Weines. Ein eindrucksvolles römisches Relief zeigt den ruhenden Dionysos auf Naxos, wie er Ariadne auf den Knien hält. Mit dem einen Arm schiebt er einen kleinen, ernsten alten Silen nach vorne, der die erste Schale mit Wein kredenzt.[6]

Nach römischen Texten führt Dionysos nach der Hochzeit Ariadne auf seinem Wagen zum Himmel empor. Das ist die lebendigste klassische Version einer Himmelfahrt. Nach der bekannteren Überlieferung jedoch schleudert Dionysos die goldene Krone der Aphrodite, die er Ariadne schon von Anbeginn an geschenkt hatte, zu ihrem Gedächtnis unter die Sterne.

Ariadnes Weg ist eine mythische Darstellung der Wandlung, die wir heute als Individuationsprozess bezeichnen. Sie lebt zuerst im Reiche des Minos und der Pasiphae in paradiesischer Unbewusstheit. Für sie ist alles noch identisch: Gott, Mensch und Tier. Dort gibt es auch keine Schuld. Daher bleibt Pasiphae schuldlos, aber auch ungewandelt, als sie den Minotaurus gebiert. Mit Theseus leuchtet in diesem Bezirk das Licht des Bewusstseins auf. Ariadne wendet sich ihm zu, mit ihm gelingt das Eindringen in das Labyrinth der Erdhaftigkeit und die Auseinandersetzung mit den blinden destruktiven Trieben, die der Minotaurus repräsentiert.

Damit aber verliert Ariadne die Verbindung mit dem Licht, das in der Erde verborgen ist und immer über ihr gewaltet hatte, hier dargestellt durch Dionysos, der als Stier das schöpferische Feuer der Emotionen verkörpert. Indem Ariadne mit Theseus flieht, verschreibt sie sich ganz dem Bewusstseinsprinzip und verleugnet die Dunkelheit ihres Ursprungs – das Unbewusste. Die Seele wird verdrängt. Sie eilt über sich selbst hinaus dem Licht der Welt entgegen, nach Athen, um einseitig bewusst zu werden.

Aber ihr Drang wird von Artemis durchkreuzt, was wohl bedeutet, dass das weibliche, mondhafte Prinzip, das in jeder Frau waltet, die Einseitigkeit des Bewusstseins nicht erträgt. Es überfällt die sich davon Abwendende feindlich, es lähmt und verdunkelt sie; und so wird die Frau zu einer »Schlafenden«. Theseus, die Verkörperung des Bewusstseins, verläßt sie. Ihre Verlassenheit zeigt, dass sie vom geistigen Tod bedroht ist, wie Jung es in dem früher gegebenen Zitat formuliert. Dieses Gefühl von Tod, diese Situation der Vereinsamung ist schrecklich, aber auch heilvoll, denn es ist der Druck, der zur Wandlung führen kann.

Für den Menschen, der diesen Druck mit Schrecken realisiert, wird Naxos zur göttlichen oder himmlischen Insel, zu *dia*, wie sie auch genannt wird, denn sie ist dann heilig, hilfreich und mütterlich wie ein hermetisches Gefäß, aber dazu kann es nur kommen, wenn der Mensch am Geschehen teilnimmt und sich freiwillig hineinstellt, wie es durch das eigene Erhängen auf der Insel symbolisiert ist. Sie erkennt nicht nur ihr Hangen und Bangen, sie erkennt auch ihre Schuld als Mensch. Sie ist verlassen, weil sie ihren Ursprung verlassen hat. Das Bild des sich Erhängens ist ein Symbol übermächtiger Reue und zugleich Symbol übermächtiger Sehnsucht nach der Dunkelheit des Psychischen, die verworfen wurde.

Der stumme Ruf tödlicher Sehnsucht wird beantwortet. Dionysos naht, das Psychische belebt sich in erschütternder Morgendämmerung neuen Lichtes, das nun nicht mehr aus der Welt, sondern aus dem Meere des Unbewussten aufsteigt als das zentrale Symbol des Selbst, in dem sich Licht und Dunkelheit, Göttlich-Dämonisches und Menschliches vereinigen.

Die Wandlung Ariadnes besteht darin, dass sie sich klärt und deutlich sichtbar wird, was Bewusstwerdung symbolisiert. Dionysos wandelt sich zur gleichen Zeit vom Stiergott in den Gott des Weines: Nachdem er zuvor die Menschen nur im Feuer animalischer Emotionen berührt hatte, wird er nun im Erglühen des religiösen Gefühls erfahrbar.

Das Menschenherz schlägt nun zusammen mit dem Allherzen. Das bedeutet auch für den Gott eine Wiedergeburt, wobei ihm der Mensch zur Mutter wird, denn nur in der religiösen Erfahrung des Menschen wird das Göttlich-Dämonische, d.h. das unbewusst Psychische, wirklich.

Die Symbolik der Himmelfahrt weist wohl auf den dionysischen Enthusiasmus als Entrückungserlebnis hin. Die andere Tradition von der Krone der Ariadne ist in unserem Zusammenhang aber psychologisch wichtiger. Die goldene Krone ist ein *rotundum* und eine Kostbarkeit, die Ariadne schon von Anbeginn an von Dionysos erhalten hatte. Sie ist ein Symbol des Selbst, das im Menschen schon immer als Möglichkeit der Individuation angelegt ist.

»Das Selbst wird nicht«, wie Jung es in einer Anmerkung zu dem früher angeführten Zitat[7] sagt, *»erst im Laufe des Lebens gewissermaßen erschaffen, es wird nur bewusst. Vorher und immer schon ist es latent, also unbewusst, vorhanden.«* Genau das bedeutet das Symbol der Krone der Ariadne. Sie war immer da, aber als Dionysos sie zu ihrem Gedächtnis an den Himmel versetzt, ist sie als Leitstern sichtbar und der untere, unbewusste Ursprung erscheint oben als bewusstes Ziel. Diese Sichtbarwerdung des Zieles kann Ariadne, das irdisches Geschöpf, nicht allein vollbringen. Es geschieht ihr *deo adjuvante*, mit der Hilfe Gottes.

In diesem Zusammenhang ist es vielleicht interessant, die Entwicklungswege der Frauengestalten zu vergleichen, die zur Familie der Pasiphae gehören. Wir können außer Pasiphae selbst und ihren beiden Töchtern auch Medea einbeziehen, die eine Nichte der Pasiphae, die Tochter ihres Bruders Aietes, war.

Wie wir schon besprachen, verkörpert Pasiphae den Urzustand der Unbewusstheit, der insofern paradiesisch ist, als das Schuldproblem hier keine Rolle spielt. Ein Schuldigwerden kann es auf dieser Ebene noch nicht geben. Alles Sein, alles Leben und alle Zerstörung ist in den ewig kreisenden Rhythmus der Ganzheit eingebettet, in der das Göttliche, das Menschliche und das Tierische, das Gute und das Böse, gleich enthalten sind. Die Instinkte walten, ohne dass ein Bewusstsein störend eingreift, und sie sorgen dafür, dass Tiere gleicher Gattung, wie Stier und Kuh, sich zur Begattung zusammenfinden, damit der natürliche Kreislauf in den folgenden Generationen ungebrochen weitergeht. In diesem paradiesischen Urzustand gibt es keine Schuld; es gibt nur die unmerkliche Weiterentwicklung der Natur über die Jahrtausende. Das Einzelwesen verändert sich nicht. Es ist Teil der Ganzheit, die Eines und Alles ist.[8]

Der Urzustand der Pasiphae ist das archaische Fundament des weiblichen Wesens zu allen Zeiten. Jeder Frau, die unschuldsvoll zugleich mit ihren Kindern Leben und Zerstörung gebiert, öffnet sich das chtonische Paradies. Ohne dass sie es ahnt, gibt es noch heute manche Frau, die in ihrer Tiefe im kretischen Paradies urmütterlicher Unbewusstheit befangen bleibt, die keine Schuld kennt und deren Entwicklung einzig durch ihre Kinder weitergeführt wird.

Der erste Schritt aus diesem Urzustand wird in der Pasiphae-Tochter Phaidra dargestellt. Sie verläßt Kreta und eilt in ununterbrochenem Lauf immer in eine Richtung, d.h. nach Athen, um dort an der Seite des Theseus als Königin zu leben. Durch Theseus geführt geht sie ganz in dem durch die Zeit und die Welt gegebenen Bewusstsein auf. Sie ist dann zwar bewusst, doch nur so weit, wie ihre Welt bewusst ist. Psychologisch gesprochen heißt das, dass sie mit einer angepassten

Rolle identisch wird. Der völlige Einklang mit der Welt gibt ihr eine »königliche« Sicherheit, die aber nur eine scheinbare ist.

Phaidra hat über ihrer einseitigen Entwicklung ihren Ursprung vergessen; sie vergisst, dass sie eine Pasiphaetochter ist. Das bedeutet eine Verdrängung der ursprünglichen Triebnatur und der Instinkte, die sich rächen muss, sobald ihre ursprüngliche Weiblichkeit an- und aufgerührt wird. Dies stellt der Mythos durch die schuldhafte Liebe der Phaidra zu ihrem Stiefsohn Hippolytos dar. Sie begehrt den reinen Jüngling, der ihrer Mütterlichkeit anvertraut ist. Er aber, in frommer Scheu, entzieht sich ihr. Nun stellt sich heraus, dass Phaidra weder an Theseus noch an Hippolytos etwas liegt. Sie denkt nur an sich. Sobald ihre Pläne durchkreuzt werden, schlägt ihre Liebe um in Hass; sie klagt Hippolytos bei Theseus an, er habe ihr nachgestellt. Hippolytos wird von dem empörten Vater gerichtet und Phaidra richtet sich selbst, indem sie sich erhängt.

Dies ist eine monumentale Schauergeschichte, von der es aus manchen Ländern berühmte Varianten gibt. Darin zeigt sich, wie furchtbar Menschen immer und überall von den Folgen der Verdrängung beeinflusst werden. Das ursprüngliche Wesen bleibt, auch wenn es verdrängt wird, immer das Fundament. Aber durch die Verdrängung verwildert es, wird barbarisch und destruktiv. Wird es dann durch einen Ausbruch der Leidenschaft aufgewühlt, vermag die Frau die »königliche« bewusste Rolle, die sie inne hatte, nicht mehr zu spielen. Phaidra wird vom Moloch der Unbewusstheit verschlungen, verfällt einer Regression und wird durch ihre blinde, triebhafte Gier in das Labyrinth des Minotaurus, ihres Halbbruders, zurückgerissen.

Der Weg der Phaidra ist der Taumel der egoistischen Frau von einem Extrem zum anderen. Weil sie immer nur sich selbst sieht und nur ihren Wünschen folgt, kann sie auch ihre Schuld nicht erkennen. Ihr Erhängen ist nicht wie bei Ariadne ein Zeichen der Reue. Es ist das letzte Phänomen des Egoismus, der sich nur noch durch die eigene Zerstörung behaupten kann.

In Pasiphae war der weibliche Egoismus auch gegeben, aber bei ihr war er, wie alles Urnatürliche, unschuldsvoll. In Phaidra dagegen, in der schon ein gewisses Maß an Bewusstheit vorhanden ist, wird auch der Egoismus bewusst zur Sucht, das eigene Ich zu erhöhen und zu befriedigen.

Phaidra stellt also das Problem des weiblichen Egoismus dar, der auch in der altruistischen, opferfreudigen Frau als eine Gegenströmung vorhanden ist und sich plötzlich durchsetzen kann, wenn sie sich darüber nicht bewusst wird. Im »Labyrinth der Brust« jeder Frau haust ein Minotaurus.

Die Geschichte der Medea rollt eine ganz andere Problematik auf, nämlich die der Projektion. So, wie Phaidra eine Muttertochter ist und dadurch dem Problem der Triebhaftigkeit ausgesetzt ist, so erscheint Medea als Vatertochter. Darum hat das Paradies, aus dem sie stammt, einen dem kretischen entgegengesetzten, männnlich-geistigen Charakter.

Das Kolchis des Aietes am Schwarzen Meer ist ebenfalls ein Ort archaischer Dunkelheit, doch dem Labyrinth des Minotaurus entspricht hier der Garten des Aietes, in dem ein Drache das Urlicht des goldenen Vlieses hütet. Das goldene Vlies ist ein Sonnensymbol, es steht für das urtümliche magische Wissen des archaischen Menschen, das dessen Ganzheitserfahrung ausdrückt. Weil Medea damit in Verbindung steht, ist sie als Vatertochter eine Magierin. Sie weiß viel, ohne jedoch sich selbst zu kennen.

Als in der Gestalt des Helden Jason in diesem magischen Bezirk ein Repräsentant des Bewusstseins auftaucht, entsteht zunächst eine Auseinandersetzung. Die negative, destruktive Seite des magischen Geistes wird von der positiven unterschieden: Jason, als das Bewusstsein, hilft Medea, den zerstörerischen Drachen – Symbol der schwarzen Magie – zu durchschauen, was hier durch das Heldenschwert angedeutet wird.

Von Kolchis fliehend, schenkt Medea Jason das goldene Vlies. Das heißt, sie projiziert das Licht des archaischen Geistes auf ihn. Damit überbewertet sie gleichzeitig das durch Jason verkörperte Bewusstsein – sie hält es für den gesamten autonomen Geist. Dadurch entsteht für sie jedoch ein Verlust. Wie der Mythos erzählt, muss Medea auf der Flucht mit Jason ihren Bruder Absyrtos opfern und ins Schwarze Meer des Unbewussten werfen. Absyrtos ist hier das Symbol für Medeas ursprüngliche Fähigkeit der Einsicht, die sie aber über der Projektion verliert.

Medeas weiterer Weg ist also von demjenigen Phaidras verschieden. Ihre Bewusstseinsentwicklung ist vor allem nicht ganz so einseitig und überspitzt wie die von Phaidra. Sie gelangt nicht ganz bis ins eigentliche Griechenland, sondern nur bis nach Thessalien, einem Grenzbereich, wo zugleich mit dem Licht des Bewusstseins noch das Dunkel des Urzustandes lebendig ist. Medea wird auf diese Weise ihrem Ursprung nicht ganz untreu.

In Thessalien aber wendet sich Jason von ihr ab. Sie ist dort eine Verlassene wie Ariadne auf Naxos. Aber anders als sie wird Medea durch den Mechanismus der Projektion bestimmt und dieser behält die Oberhand. So, wie sie vorher alles Licht auf Jason projiziert hatte, projiziert sie nun alle Finsternis auf ihn: Er ist an allem Schuld, er ist der Böse. Die Projektion hindert sie daran, die eigene Schuld und das eigene Böse zu erkennen; gerade dadurch fällt sie dem Bösen anheim.

So wie Phaidra regredierte und dem Minotaurus zum Opfer fiel, so wird Medea von dem, was sie überwunden wähnte, verschlungen, nämlich vom Drachen im Garten ihres Vaters Aietes. Durch haltlose Ichsucht verfiel Phaidra der destruktiven Seite der Natur – durch maßlose Projektion verfällt Medea der destruktiven Seite des autonomen Geistes. Sie wird eine Drachenbraut, d.h. eine Schwarzmagierin. Die verlassene Medea ist die berühmteste der thessalischen Hexen. Ihr Weg endet in geistiger Zerstörung.[9]

Der Weg der Ariadne ähnelt zunächst dem der Medea. Das aufgehende Bewusstsein, verkörpert in Theseus, führt auch sie zu einer Auseinandersetzung, in der sie das Labyrinth der Triebhaftigkeit durchschaut. Eine Version des Ariadne-Mythos erzählt, sie habe dieses Werk mit Hilfe eines roten Fadens vollbracht, eine andere sagt, die Licht spendende Krone, die Dionysos ihr von Anbeginn an geschenkt hatte, habe dabei geleuchtet. Beide Symbole bedeuten im Grunde das gleiche, nämlich, dass Ariadne sich rein von ihren weiblichen Instinkten führen ließ, von den Ahnungen, die schon im Kinde wie ein roter Faden bzw. wie ein führendes Licht angelegt waren.

Instinkte sind die archetypischen Möglichkeiten des rechten Verhaltens, in denen sich im unbewussten Menschen das Selbst, hier Dionysos, manifestiert. Keine Magie, auch keine Projektion ist an der frühen Entwicklung von Ariadne beteiligt. Sie »bleibt bei sich selbst«, auch wenn sie den Weg der Bewusstwerdung geht. Was ihr geschieht, ist der allzu menschliche Irrtum, dass sie sich, durch das Bewusstsein verführt, überschätzt. Sie merkt nicht, dass die Instinkte als eine Manifestation des Selbst eine Gottesgabe bedeuten. Wie alle Menschen, denen das Bewusstsein imponiert, meint sie: »Das habe ich gut gemacht, da habe ich eine gute Nase gehabt.« Dadurch, dass sie die Göttlichkeit der Instinktnatur nicht erkennt, wird sie ihrem Vater-Bräutigam, Dionysos als Stiergott, untreu. Er ist das Licht der Erde, sie selbst hat es nicht.

Wie Medea, so kommt auch Ariadne in ihrer Bewusstseinsentwicklung nicht allzu weit. Sie wird schon auf halbem Wege eine Verlassene. Ihr Klarwerden und ihr Tod als Aridela auf Naxos aber bedeutet, dass sie die Begrenzung des Bewusstseins erkennt und anerkennt. Das Entscheidende jedoch ist, dass sie nicht in die Projektion fällt wie Medea, sondern ihre Schuld erkennt, von ihr durchbohrt wird und sie akzeptiert. Sie verzweifelt nicht an der Welt oder an den Menschen. Sie zweifelt und verzweifelt an sich selbst. Sie erkennt ihre menschliche Nichtigkeit.

Sobald sie aber nichts mehr ist, kann das Selbst wieder alles für sie bedeuten. Das Naxos der Ariadne ist eine heilige Insel, weil sie die tiefste Stelle bedeutet, wo die Einsicht der Schuld die Vernichtung aller Ichhaftigkeit bringt und wo alle Energien auf das Überpersönliche übertragen werden. Wenn das Ich tot ist, wird das Selbst lebendig.

In einer gewaltigen Umkehrung wird das Göttlich-Dämonische der Psyche als Dionysos manifest. Die Hochzeit des Dionysos und der

Ariadne auf Naxos ist ein so großartiges Symbol der *conjunctio*, weil der Augenblick der Wandlung im Individuationsprozess darin festgehalten ist. Alles in diesem Bild ist in einem dynamisch bewegten Umschlag begriffen. Aus Leben wird Tod und aus Tod wird Leben – das Menschliche wird gottähnlich und das Göttliche menschlich – das Animalische wird beseelt und der verborgene Ursprung geht leuchtend auf als sichtbares Ziel.

In diesen Mythoszusammenhängen haben wir, wie mir scheint, schon einen ersten Tatbestand, der zugunsten unserer Arbeitshypothese spricht. Sicher ist, dass man nicht einmal versuchen kann die Fresken der Villa dei Misteri zu verstehen, wenn man sich nicht den Mythos von Dionysos und Ariadne und dessen Bedeutung vergegenwärtigt. Alles wird erst sinnvoll, wenn es von dieser zentralen Symbolik aus betrachtet wird.

Für jede Frau, die den Einweihungsraum der Villa betrat, war Ariadne das Vorbild und für jede konnte dieser Raum zu einem Naxos werden, wenn sie ohne Vorbehalt durch die enge, niedere Pforte in das Gefäß der Wandlung trat. Aber keine Frau wurde dabei selbst zu einer Ariadne, denn, wie ich es früher aufzuzeigen versuchte, ist das Vorbild als unsichtbar gedacht. Die Mystin konnte ihm nur folgen; und wie sie es nacherlebte, das ist, wie mir scheint, in den übrigen Szenen der Freskenfolge wie die einzelnen Stufen eines kultischen Dramas dargestellt.

Das kultische Drama in der Villa dei Misteri

Erste Szene

Jung schreibt in seinem Epilog zu *Psychologie und Alchemie*: »Die Alchemisten (deren Opus ja auch Individuationssymbolik darstellt) selber sagten: Zerreißt die Bücher, damit eure Herzen nicht zerbrochen werden, obwohl sie andererseits gerade auf dem Studium der Bücher insistierten. Es ist wohl eher das Erlebnis, das zum Verstehen führt.«

Das gleiche kann im Prinzip über alle antiken Mysterienkulte gesagt werden. Ein jeder dieser Kulte war ein Mysterion, weil das kultische Drama ein unausdeutbar tiefes Geheimnis oder – wie die Griechen sagten – ein *arrheton*, etwas Unaussprechliches, war. Was man dabei erfuhr, konnte nicht in Worten wiedergegeben werden. Und doch war, wenn auch nicht das Buch, so doch die Tradition heiliger Schriften wesentlicher Bestandteil jedes Mysterienkultes.

Damit kommen wir zur ersten Szene der Freskenfolge. Es muss vorausgeschickt werden, dass ich über die Farben der Fresken nicht sprechen werde. Es scheint mir unwahrscheinlich, dass man herausfinden könnte, was sich die Menschen, die den Kult durchführten, zu den einzelnen Farben wirklich dachten. Der Grund der Bilder ist das bekannte pompejanische Rot.

Die beiden ersten Szenen sollen möglichst kurz besprochen werden. Sie haben den Charakter einer Exposition und berühren uns noch etwas »trocken«. Erst mit der 3. Szene kommt das eigentliche Mysteriendrama in Fluss, um dann Schritt für Schritt an Tiefe, Bedeutsamkeit und Spannung immer mehr zuzunehmen.

Die erste Szene zeigt die Initiandin, die eben den Saal betreten hat. Sie steht unbeweglich und hört einem nackten Knaben zu, der mit ängstlichem Gesichtsausdruck aus einer Schriftrolle vorliest. Er wird dabei von der hinter ihm sitzenden Priesterin zugleich beaufsichtigt und beschützt.

Wenden wir uns zuerst der Gestalt der Initiandin zu. Sie trägt die Kleidung der römischen Matrone, ein Schleier bedeckt ihren Kopf und ihren Rücken. Die rechte Hand hat sie lässig in die Hüfte gestemmt, mit der linken lüftet sie das Gewand über ihrem Busen. Die Verschleierung ließ frühere Interpreten an einen Hochzeitsschleier denken. Wir können uns dazu nur fragen: Wer ist der Bräutigam? Der Schleier bedeckt die Initiandin gegenüber der Welt, die hinter ihr liegt. Es ist wohl wichtig zu bemerken, dass zur Zeit der Antike das Leben viel kollektiver war, als wir es uns heute überhaupt noch vorstellen können. Die Menschen lebten ganz im wärmenden Getöse ihrer Gruppen – bei den Höherstehenden in dem großen Verband von Familie und Sklaven, die oft hochgebildet waren. Die vornehme Römerin war nicht nur Gesellschaftsdame, sie war auch die verantwortliche Vorsteherin der teilweise großen Betriebe, in denen die Haushaltsgüter hergestellt wurden. Alles wurde gemeinsam getan; so wurde auch immer gemeinsam gebadet. Ich glaube nicht, dass die Römer die Energie aufgebracht hätten, sich ganz allein täglich so eifrig auszulüften und zu schrubben, wie es in den gemeinsamen Bädern geschah, wo jeder die Lust des anderen beflügelte; und in diesem Stil verlief das ganze Gemeinschaftsleben.

Sich von der Gruppe abzuwenden und sich vor ihr, wenn auch nur vorübergehend, zu verbergen, bedeutete damals sicher eine einschneidende Veränderung. Es war eine Verlassenheit, in der für die Initiandin die Stimmen der Welt verstummten und in die auch ihre eigene Stimme nicht mehr drang. Wir wissen nicht, ob dieser Stufe der Einweihung eine Zeit der Isolation vorausgegangen war, wie sie zu vielen alten Einweihungen gehörte und die für den Beginn des Individuationsweges typisch ist. Der moderne Mensch erlebt sie innerlich, was nicht minder schrecklich ist, und sie spiegelt sich sehr oft in Träumen.[10]

Was die Geste der Initiandin bedeutet, weiß man nicht, aber man kann etwas zu ihrer Symbolik bemerken. Die auf der Hüfte ruhende rechte Hand deutet auf ein Nicht-Handeln; das Lüften des Gewandes über der Brust dagegen deutet an, dass sich das Herz neuen Eindrücken öffnet. Die ganze Haltung der Initiandin stellt ruhende Sammlung dar, die für den Beginn des Individuationsweges wichtig ist. Die Initiandin konzentriert sich auf die Lehre, die sie aus Kindermund erhält. Dass es ein Kind ist, das der Initiandin Belehrung vermittelt, scheint besonders bewegend, wenn wir daran denken, dass die Mütterlichkeit der antiken Frau mehr oder weniger unbewusst geblieben war.

Vielleicht zum ersten Mal sieht die Frau hier das Kind nicht nur als das natürliche Objekt für den pflegenden Instinkt, sondern eindrucksvoll als leidenden Träger göttlicher Bedeutsamkeit. Viele Gedanken ließen sich hieran anknüpfen – man könnte auch an den Besuch des zwölfjährigen Jesus im Tempel denken, der eine gewisse Parallele zu dieser Szene bildet.

Überall auf der Welt gehörte zu jeder Initiation eine Lehre, die im rituellen Erzählen heiliger Mythen bestand. Das griechische Wort *mythologein* bedeutet ein solches Erzählen, durch das der Mythos als Wort, als *logos*, im Herzen des Zuhörers lebendig werden konnte. Der Mythos ist in dieser Hinsicht die *theoria*, also die Erkenntnis vermittelnde Anschauung, die die Voraussetzung der kultischen Praxis bildet. Die Theorie der Orphik war der Mythos vom gewaltsamen Tod des Zagreus und von dessen Wiedergeburt; dieser Mythos ist es offenbar, den der Knabe in unserer Szene zu lesen hat. Sein ängstlicher Gesichtsausdruck bezieht sich wohl darauf, dass er bei der religiösen Lektüre sowohl mitleidet als auch, dass er sich dabei fürchtet. Er ist also auch der Träger des frommen Gefühls, das ebenfalls zum Beginn der Initiation gehört und das er der Initiandin vermittelt.

Der Knabe bedeutet aber noch mehr. Er ist nackt, was für die Antike ein Zeichen des Göttlichen war, und er trägt den Kothurn, den Schuh des Dionysos. Daher steht er für den Gott als Kind, der durch den Mund des Knaben der Bringer der Lehre ist. Es gibt eine Statue eines dionysischen Opferkälbchens, das Kothurne trägt, was zeigen soll, dass mit dem Tier der Gott selbst geopfert wird. Der Knabe ist das zentrale Symbol der ersten Szene. Er ist, wenn man so sagen darf, der Engel der orphischen Verkündigung – reine, unverfälschte Unschuld, in der das göttliche Wort durch den Einfluss menschlicher Gedanken nicht gestört wird.

Darum spricht die Priesterin in dieser ersten Szene nicht. Sie schaut, sie ist die Vertreterin des Bewusstseins, das entwickelt worden sein muss, damit das Leben des Einweihungsvorganges nicht nur geschehe, sondern auch gewusst werde. Ihr aufmerksamer Blick ist auf die Geste der Initiandin gerichtet, mit der sie das Gewand über der Brust lüftet. Es ist, als forsche sie: Ist dieses Herz dem göttlichen Herzschlag geöffnet?

Zweite Szene

Den Übergang zur zweiten Szene bildet die Gestalt der mit dem Myrtenkranz geschmückten Initiandin, die nun ihren Weg weitergeht, aber auf die eben gehörte Lehre noch zurückzulauschen scheint. Sie hat den Mantel fallen lassen, darunter sieht man die leichte, ärmellose Tunica. Auf der linken Hand trägt sie eine Metallschale mit einem zerschnittenen Opferkuchen, weshalb Maiuri sie als die »Opfernde« bezeichnete. Mit der rechten Hand hält sie einen kleinen Lorbeerzweig.

Leopold Feiler[11], der trotz seiner Begeisterung den ärztlichen Scharfblick nicht verlor, fielen die merkwürdigen Konturen der Gestalt sofort auf. So wie sich die Falten des Mantels und die Tunica über dem Leib heben, sah er die Frau als eine Schwangere. Als er aber noch genauer hinsah, stellte er fest, dass der Körper unter der Tunica ganz schlank ist; es ist also nur eine scheinbare Schwangerschaft. Diese wirklich bemerkenswerte Tatsache lässt uns an die erste Szene zurückdenken, in der die Initiandin aufnahmebereit das Gewand über dem Herzen lüftet. Wir sehen nun: Etwas ist wirklich in sie eingedrungen und bis in die Tiefe der Eingeweide gesunken, etwas Unsichtbares, Unsubstantielles, mit dem sie nun schwanger geht.

Feiler erinnerte sich dabei an alte Bräuche, die zum Sabazioskult gehörten. Sabazios ist die phrygische Form des Dionysos. Von dort drangen die musikalischen Instrumente – die Flöten und Zimbeln – in den Dionysoskult ein. Im Sabazioskult wurde im Laufe der Initiation eine Schlange, die den Gott repräsentierte, durch das Gewand der Mystin gezogen. Dieser Ritus wurde *ho dia kolpou theos*, der Gott, der durch den Busen geht, genannt. *Ho kolpos* ist aber auch der Schoß der Frau. »In den Busen nehmen« war ein konventioneller griechischer Ausdruck für Empfängnis.

Wir können diese Symbolik hier gleich aufnehmen, denn die Darstellung der Initiandin auf den ersten beiden Szenen zeigt, dass derartige Vorstellungen in unseren Mysterienkult zumindest hineingespielt haben müssen. Wir werden auch sehen, dass das Schlangensymbol später wieder auftaucht. Ob etwas dem phrygischen Ritus Entsprechendes in der Villa dei Misteri geschah, wissen wir natürlich nicht. Es könnte auch sein, dass die archaisch konkretistische phrygische Form des Ritus in der Villa eine symbolisch verfeinerte Form gefunden hatte. Darauf kommt es aber nicht an. Wesentlich ist der durch die Fresken gegebene Zusammenhang, dass Dionysos, der zunächst als das heilige Wort auftaucht, in einem plötzlichen Umschlag als Schlange vorgestellt wird.

Das Schlangensymbol spielt im Dionysoskult eine große Rolle. Dem Schlangenritus im Sabazioskult liegt der Mythos zugrunde, dass sich Zeus Persephone in Gestalt der Schlange näherte, als er den Zagreus, den später Zerstückelten, zeugte. Der Schlangenritus hält die Erinnerung an diesen Mythos fest und zeigt die Mystin zugleich in der Rolle der Kore-Persephone. Sie empfängt wie diese Göttin und trägt dann das zukünftige Gottkind unsichtbar, unsubstantiell in sich. In der Orphik ist gerade der Teil des Mythos', der sich auf die Empfängnis des Zagreus bezieht, von Geheimnis umrankt. Es gibt darüber ein orphisches Sprichwort, das heißt:

> »Der Stier als Vater erzeugte die Schlange,
> und die Schlange ist der Vater des Stieres.«

Es ist die uralte Vorstellung, die sich in den Mythen vieler Völker findet, der zufolge der Schöpfergott sein eigener Erzeuger oder die erste Ursache seiner Entstehung und in noch älteren Mythen die Schöpfergöttin ihre eigene Erzeugerin ist. In diesem Sinn bezeichnete die Orphik den Zagreus auch als den prä-existenten Dionysos: Er existierte, schon bevor er geboren wurde, und erhielt seine Existenz durch sich selbst allein.

Wir finden ähnliche Vorstellungen in der Alchemie, wo sie zu den paradoxesten Aussagen führen können. So gibt es z.B. ein altes Rezept für die Herstellung des göttlichen Wassers, das die flüssige Urform des *lapis*, des Steines ist. Dort heißt es: Um es zu bereiten, musst du unter anderen Ingredienzien göttliches Wasser nehmen.[12] Das heißt, dieses kann nur durch sich selbst hergestellt werden.

Das sind mythische Konstatierungen. Wie bei allen Mythen beziehen sich solche Aussagen auf Archetypen. Diese sind immer da und wir könnten sie als prä-existent bezeichnen, da sie die Konstituentien alles psychischen Lebens sind. Symbolisch gesprochen ist es auch durchaus passend, wenn ein Archetyp und das ihm entsprechende Bild, durch das er einzig wahrgenommen werden kann, als Vater und Sohn bezeichnet werden, wobei vom Menschen und seinem Erleben aus gesehen nicht unterschieden werden kann, wer zuerst war. Beide sind das gleiche: ein sich selbst erzeugender Erzeuger.

Das Bild, das einem Archetyp entspricht, kann die verschiedensten Formen annehmen und doch immer für die gleiche urtümlich menschliche Verhaltensweise stehen. Wenn ein archetypisches Bild auftaucht und der Mensch dessen Wirkung bemerkt, kann er unter Umständen nie herausfinden, was zuerst da war, das Bild oder die Wirkung. Von solchen Perplexitäten scheint es herzurühren, dass so völlig verschiedene Vorstellungen wie Schlange und Stier als undurchdringliche Vater-Sohn-Einheit erlebt und beschrieben werden.

Die Schlange, mit der wir es hier zu tun haben, ist ein so weit verbreitetes archetypisches Bild, dass fast jeder etwas davon weiß oder wenigstens schon einmal etwas davon gespürt hat, denn in fast allen Menschen erweckt der Anblick einer Schlange noch heute Schrecken oder ein numinoses Gefühl. Heute sehen wir allerdings größere Schlangen meist nur noch im zoologischen Garten. Den Römern waren sie jedoch zugleich heilig und vertraut, denn als Verkörperung der Laren, d.h. der Ahnen, wurden sie bis in die Spätzeit als geehrte Haustiere gehalten. Es galt als schlechtes Omen, wenn eine Hausschlange starb.

Die Laren wurden als Hüter der Grenzen durch Schlangensteine dargestellt. Dieser römische Brauch bewahrt die religiösen Vorstellungen vieler primitiver Völker, bei denen Schlangen ebenfalls als die Wiedererscheinung Verstorbener galten, die Altgültiges bewahren, aber auch als Heils- und Weisheitsträger betrachtet wurden.

Die Schlange hatte immer und überall eine Seelenbedeutung. Kalt, feucht, dem Wasser verwandt, fremdartig und gefährlich, verkörpert sie die unheimliche Dunkelheit der unbewussten Psyche, aber auch das Wissen, das darin verborgen ist. Der archaische Mensch schreibt Wissen oder Weisheit nicht sich selbst zu, er erfährt sie als »von der anderen Seite« kommend – als Geist der Toten, der Ahnen und damit als ein nächtliches Geheimnis. Als Herrscher der Toten und der Seelen hatte schon der thrakische Dionysos die gleiche Bedeutung. Er ist die Ahnenweisheit der Menschen und das Wissen der All-Seele. Darum wurden in den Bacchantenzügen auch Schlangen mitgetragen. Für die Römer konnten diese Vorstellungen dann mit der sinnverwandten Vorstellung der Laren wie zu einer kristallinen Einheit zusammenfließen.

In der Orphik findet sich der gleiche Zusammenhang von Dionysos und Schlange gewissermaßen in eine andere Dimension hineingerückt, indem Dionysos als Phanes das neue, d.h. das zukünftige Licht bedeutet. Phanes, der nach orphischer Vorstellung dem Urei entsprungene Gott, wird von einer Schlangenspirale umwunden dargestellt. Ich verweise in diesem Zusammenhang auf Leisegangs schönen Aufsatz *Das Mysterium der Schlange*,[13] worin die vielfältigen Bezüge dieser komplizierten, philosophisch ausgebauten Symbolik ausführlich behandelt werden. Im Bild des Phanes erscheint das Licht der Vergangenheit verwandelt in das zukünftige Licht, der Ursprung als Ziel – beides durch den Spiralweg der Schlange verbunden. Alles in dieser Symbolik ist Dionysos und alles ist Licht, mystische Sonne, so wie es ein dem Orpheus zugeschriebener Vers[14] ausspricht:

»Höre, der du des fernen Umschwungs
strahlenschwingenden Kreis ständig herumdrehst,
der um die himmlischen Wirbel rings herumläuft,
glänzender Zeus,
Dionysos, Vater des Meeres, Vater der Erde,
Sonne, allerzeugende, alles bewegende, Gold-flammende.«

Diese allgewaltige Sonnensymbolik weist auf das Selbst und mit dem schwingenden Weg des Kreises oder der Spirale gleichzeitig auf die Selbstwerdung. Christus, der nach Johannes Ursprung, Licht und

Leben ist, hat als Symbol ebenfalls die Schlange. Aber während das Licht Christi von oben kommt, kommt das Dionysoslicht immer von unten. Wir werden noch den großen Unterschied erkennen, ob das Selbst als ein Licht aus den Himmeln oder als ein Licht aus der Erde oder aus der Unterwelt erfahren wird.

Etwas von dem reichen Symbolgehalt, den ich hier anzudeuten versuche, ist bei der Darstellung unseres Freskos in die Initiandin des orphischen Mysterienkultes der pompejanischen Villa eingedrungen. Sie geht damit schwanger, Erleuchtung regt sich in ihr, noch unsichtbar in ihren Eingeweiden. Das führt uns zu körperhaften Vorgängen, die oft durch die Schlange symbolisiert werden, und zu Träumen, wenn, wie auch bei starken Emotionen, der hemmende Einfluss der Hirntätigkeit, hauptsächlich des Großhirns, auf die tieferen Nervenzentren wegfällt. Dadurch erfolgt die Tätigkeit rein reflektorisch und das Handeln wird mehr oder weniger blindlings.

Interessant ist in diesem Zusammenhang die Vorstellung der Antike und des Mittelalters, dass reale Schlangen aus dem menschlichen Rückenmark geboren würden, denn für das Rückenmark ist das Reflektorische charakteristisch. Gleichzeitig erhalten die unteren, älteren Nervensysteme die Oberhand. Die Folge sind Erregungsphänome, die einerseits mit Körpersymptomen verbunden sind, wie Herzklopfen, Magen- und Darmstörungen sowie sexuelle Erregung, und andererseits von einer Flut von Vorstellungen begleitet werden. In Schwarzafrika sagt man: »Ich habe Angst in den Eingeweiden«, womit die Körpersymptomatik, die mit den Emotionen einhergeht, klar lokalisiert wird. Uns westlichen Menschen aber geht es ähnlich. Sobald Emotionen in uns überhand nehmen, spüren wir es in den Eingeweiden. Wir können nicht mehr vernünftig überlegen, »die alte Schlange« regiert uns wieder, wir handeln blindlings und werden fortgerissen.

Das genügt wohl, um zu zeigen, was es bedeutet, wenn Dionysos dem Menschen als Schlange »durch den Busen geht«. Es bedeutet eine Wallung von Emotionen, die, so unangenehm sie auch zu ertragen sein mögen, doch heilvoll sein können, weil sich hinter den damit verbundenen flutenden Vorstellungen Sinn verbirgt. Die Schwängerung durch die Schlange, die unser Fresko andeutend darstellt, ist – allgemein gesprochen – das, was wir auch heute noch eine dionysische Stimmung nennen, in der Furcht und Hoffnung erschütternd gemischt sind.

Eine solche Stimmung kann die größte Wohltat bedeuten, weil alle Verkrampftheit, die sonst hinderlich ist, plötzlich wegfällt. Für die Römer war das nicht viel anders als für uns, denn obwohl sie in manchen Beziehungen mit ihren tollen, lärmenden Festen, mit ihren übermäßigen Gelagen und mit ihrer Geister- und Gespensterfurcht viel hemmungsloser und auch archaischer waren als wir, verlangte doch gleichzeitig die Situation der Weltherrschaft von ihnen eine äußerst starke Anpassung. Je größer die Welt des Menschen wird, je mehr sie ihn mit Ansprüchen und Einflüssen durchdringt, desto mehr muss sich jeder Einzelne durch eine feste äußere Form schützen, die wir heute mit dem psychologischen Terminus der *persona* bezeichnen. Man muss nur die zahlreichen Portraitbüsten und -statuen der Römer, die uns erhalten geblieben sind, betrachten, um zu erkennen, wie stark ausgeprägt, fast zur Rolle ausgebildet, ihre *persona* war.

Diese äußere Starrheit konnte nicht durch Anfälle blinder Naturhaftigkeit ausgeglichen, sondern nur von innen her durch das Erlebnis echter Ergriffenheit, d.h. durch die dionysische Stimmung überwunden werden. Aber wie wir schon auf der ersten Szene unserer Freskenfolge sahen, bedarf es für eine solche Ergriffenheit einer Bereitschaft, einer Suche am rechten Ort und zur rechten Zeit, denn das Aufwallen der Emotionen ist auch etwas äußerst Gefährliches: Man kann nie wissen, wie weit man durch sie fortgerissen und bis zur Panik oder zur orgiastischen Ausgelassenheit getrieben wird. Es war die große Gefahr der Dionysoskulte, dass sie in Orgiasmus und destruktives Wüten umschlagen konnten. Die gleiche Gefahr besteht aber auch in der heutigen Zeit, in der Menschenmassen emotional ergriffen und fortgerissen werden. Das Resultat kann dann nur allzu leicht ein monumentaler Katzenjammer oder sogar eine Katastrophe sein.

Ergriffenheit ist immer ein Zeichen, dass ein Archetypus konstelliert ist – oder, um bei unserer Symbolik zu bleiben, dass der Gott als Schlange erscheint. Für ein sinnvolles Erleben bedarf es einer festen Form, die Schutz gewährt, und das ist hier der religiöse Rahmen des Einweihungsraumes, in dem das Übermaß wallender Emotionen durch ein Opfer aufgefangen und verwandelt werden kann. Das Opfer ist wohl der wichtigste Bestandteil jeder religiösen Kultur. Es deutet an, dass der Mensch in seiner Ergriffenheit die Macht, die ihn erfasst, auch wenn sie seinen Augen unsichtbar bleibt, anerkennt und verehrt.

Beruhigt sich der Sturm, bleiben die bräutliche Hoffnung und die zarte Scheu, mit der der von Erwartung erfüllte, religiöse Mensch dem Unbekannten entgegeneilen kann. So sehen wir es in der opfernden Frau unserer Freskenfolge dargestellt. Mit dem Myrtenkranze geschmückt, mit der Opferschale in den Händen, die als Opfergabe einen in Stücke geschnittenen Kuchen enthält, geht sie gelassen auf den Altartisch zu, um ihre Gabe darzubringen.

Eine rituelle Handlung ist schon in Gang, als die Opfernde kommt, so dass wir über die Vorgänge am Altartisch zuerst sprechen müssen. Im Zusammenhang damit werden wir dann auch wieder auf die Opfergaben zu sprechen kommen. Zunächst will ich die Szene am Altartisch beschreiben:

Die Würde der Priesterin, die der Handlung am Altartisch vorsteht, ist durch den erhöhten, mit schönem Tuch bedeckten Sitz hervorgehoben, der einem einfachen Thron gleicht. Die Mystin ist mit Myrte bekränzt. Zur Linken der Priesterin steht eine Dienerin mit einem zugedeckten Korb, der schwer zu sein scheint, denn während sie ihn der Priesterin entgegenhält, muss sie ihn mit dem Knie stützen. Zur Rechten des Tisches steht eine jüngere, ebenfalls myrtenbekränzte Priesterin, die eine Schriftrolle im Mantel trägt. Sie hat ein kleines Körbchen gebracht, das nun vor ihr auf dem Tisch steht. Was wir von der rituellen Handlung sehen können, ist Folgendes:

Die dominierende Gestalt, die wir vielleicht als Oberpriesterin bezeichnen können, hält ein Lorbeerzweiglein über das kleine Körbchen rechts, und die jüngere Priesterin gießt aus einem Kännchen

Weihwasser darüber. Gleichzeitig lüftet die Oberpriesterin mit der anderen Hand die Hülle des großen, schweren Korbes links ein wenig.

Maiuri führt dazu an, diese Darstellung könnte andeuten, dass die Oberpriesterin das Lorbeerzweiglein in den großen Korb links hineinlegen wird, nachdem es mit dem Weihwasser gereinigt worden sei. Die opfernde Mystin bringt neben dem Kuchen ebenfalls ein solches Lorbeerzweiglein mit, so dass es aussieht, als werde mit diesem dann ähnlich wie mit dem ersten verfahren. So viel ist wohl sicher, dass sich die Handlung am Altartisch auf den großen Korb links bezieht. Geweihte Zweiglein werden dargebracht und dort hineingegeben.

Wir wollen also gleich über das Symbol dieses Korbes sprechen, denn das ist der leichteste Weg zum Verständnis. Wir haben es hier mit einem bekannten Symbol der römischen Bacchuskulte zu tun. Ein solcher dionysischer Korb findet sich auch auf Münzen und orphischen Kultgegenständen, ebenso auf einem Wandbild der Villa dei Misteri außerhalb des Einweihungssaales. Auf diesen Darstellungen ist der Korb ein wenig geöffnet und eine Schlange schaut hervor. Entsprechend diesen Parallelen können wir den Korb mit Sicherheit als eine dionysische *cista mystica* bezeichnen, d.h. den Mysterienkorb, der den Gott als Schlange enthält.

Da wir über das Schlangensymbol schon gesprochen haben, kommt für uns als Neues jetzt das Bild der *cista mystica* hinzu. Ich führe ganz kurz die entsprechende Stelle aus den Mythen an. Nach einer Version des Mythos wurde der zerstückelte Dionysos von einer Muttergöttin, für die verschiedene Namen angeführt werden, wiederbelebt. Die große Mutter Kybele unterwies ihn dann in seinem Mysterienkult und schenkte ihm die Gerätschaften dafür. Gleichzeitig reinigte sie ihn für seinen Kult.

Die *cista mystica* mit der Schlange darin ist in unserer zweiten Szene also das zentrale Symbol; es ist sinngebend für die ganze Handlung am Altartisch. Die Oberpriesterin ist dabei thronend dargestellt, weil sie die große Mutter vertritt und die Mystinnen ebenso in den Kult einweiht, wie die Göttin einst Dionysos einweihte. In diesem Zusammenhang ist vor allem das Symbol der Lorbeerzweiglein zu verstehen. Sie sind Bilder des jungen, keimhaften psychischen Wachstums, das überall als das Bild der Pflanze erscheint. Die Zweiglein stellen die Seele der Mystin dar – oder den dionysischen Funken in ihr, der hier durch eine Trankspende gereinigt und dem Gott übergeben wird.

Das ist leicht gesagt, aber wie alles Symbolische, ist es doch nicht leicht zu verstehen und wirft verschiedene Fragen auf. Was bedeutet es in Wirklichkeit, wenn die Seele dem Gott in dieser Form, d.h. als Schlange in der *cista mystica* übergeben wird? Was hat Kybele dem Dionysos mit der *cista mystica* für ein Geschenk gemacht? Und wie gehört das Symbol des zerschnittenen Opferkuchens in diesen Zusammenhang? Das alles sind Fragen, die man vielleicht nur in der Meditation und Schritt für Schritt beantworten kann.

Die *cista mystica* ist, wie alle Symbole dieser Art – wie auch das Körbchen des Moses oder der Kasten, in dem Osiris über das Meer schwamm, oder ganz allgemein wie jeder »Totenbaum«, in dem der Mensch seine Auferstehung erwartet – ein Symbol der Mutter als Hegerin und Bewahrerin. Mit der *cista mystica* hat die große Muttergöttin Kybele also sich selbst Dionysos geschenkt, wie eine Braut, in die er als Bräutigam eingeht. Man sieht ihn nicht, aber alles ist hoffnungsvoll, alles ist bräutlich, denn er ist nicht tot, sondern in der bräutlichen Mutter lebendig.

Wenn der Gott in unserer Freskenfolge als zentrales Symbol in Schlangenform erscheint, ist es das in der großen Mutter Natur, in Kybele, verborgene Licht. In der Natur kann der Mensch das Göttliche zuerst erahnen. In ihrer heiligen Ordnung, in der die Dauer im Wechsel zusammenwirkender Gestaltung Wissen kündet und Sinn trägt, wird ihm schöpferische Wirkungskraft zuerst zur Wirklichkeit. Es ist also, als ob die *cista mystica* auf der zweiten Freskenszene der Initiandin einen nächsten Weg wiese, so, als würde sie sagen: »Suche in der Natur und du findest Gott.« Dazu mehr in der 3. Szene.

Wie aber gehört das Symbol des Opferkuchens in diesen Zusammenhang? Um dieser Frage nachzugehen, müssen wir etwas weiter ausholen. Es handelt sich ja um ein Sakrament und auch die einfachste sakramentale Handlung beinhaltet viel. Wie ich früher schon sagte, war die Grundlage des orphischen Mysterienkultes, der Mythos des Zagreus, der von den Titanen zerstückelt und gegessen wurde, zugleich mit der Vorstellung verbunden, dass die Menschen aus der Asche der bestraften Titanen entstanden seien und damit deren Natur und deren Schuld geerbt hätten. Nun ist der zerschnittene Kuchen etwas Essbares, das zerstückelt wurde, um es rituell zu verzehren. Das erinnert daran, dass es schon in den altgriechischen orphischen Kulten ähnliche Riten gegeben hat.

Die Anhänger der alten orphischen Religion durften kein Fleisch essen, weil Zagreus auch eine Tierform hatte. Aber einmal im Jahr kamen sie zu einem sakramentalen Mahl zusammen, zerrissen rohes Fleisch mit den Händen und aßen es. Sie ahmten dabei die legendären Mänaden nach, die dem Dionysos huldigend in heiliger Raserei durch die Wälder stürmten, das Wild mit den Händen zerrissen und aßen. In die gleiche Linie gehören andere alte Legenden, in denen erzählt wird, dass Mütter in dionysischer Raserei sogar ihre eigenen Kinder zerrissen.

Es ist wohl so, dass das dionysische Tieropfer die Menschenopfer archaischer Zeiten abgelöst hatte. Der Dionysoskult hat einen sehr urtümlichen Hintergrund. Gerüchte von Menschenopfern knüpften sich daher noch in römischer Zeit an diesen Kult, weswegen er im 2. Jh. v.Chr. in Rom verboten wurde. Bemerkenswert ist, dass Dionysos gerade im Zusammenhang mit den oben genannten Legenden Omestes, der Verschlingende, hieß, so als ob er es wäre, der die Mänaden zerriss, obwohl sie ihn in Tierform zerrissen. Die Mänaden sollen dabei mit den blutigen Fellen der zerrissenen Tiere bekleidet gewesen sein und traten so tatsächlich als Tiere auf. Alles ist hier bis zur Ununterscheidbarkeit verwoben und letztlich sind der Geopferte und die Opfernden eins. In den Legenden von den Mänaden und bei den altgriechischen orphischen Gastmählern trat der Mensch also auch in der Rolle der Titanen auf, die den Dionysos Zagreus zerrissen.

Durch kultische Handlungen – sei es nun in der archaischen orgiastischen Form oder in der durch ausgebildete Religion gemilderten Form des Sakramentes – wird die titanische Natur und die Erbschuld des Menschen offenbar, indem dieser das mystische Vorbild handelnd nacherlebt. Im sakramentalen Mahl aber handelt der Mensch nicht mehr blindlings, denn es ist die Bedeutung jedes Sakraments, dass der Mensch dabei religiös erfährt, wie ihn mit der Opferspeise der Gott erfüllt und ihm zum Er1öser wird – oder wie es speziell die Orphiker lehrten, dass Dionysos durch die Bildhaftigkeit seiner Natur die Seele des Menschen vom Konflikt befreit.

So ist es auch zu verstehen, dass in unserer zweiten Freskenszene die Opfernde zugleich mit dem zerschnittenen Kuchen das grüne Reis zur Reinigung bringt, damit es hernach dem Gott gegeben werden könne. Die Opfernde selbst hat wohl den Kuchen rituell zerschnitten, sie selbst wurde dadurch symbolisch in die Rolle einer Titanin hineingestellt. Es ist daher nicht verwunderlich, dass in dem pompejanischen Privatkult eine Art des Brotes das rohe Fleisch ersetzte. Wir wissen auch von anderen Kulten, wie im Laufe der Zeit das Opfer immer mehr dem krassen Konkretismus entzogen wurde und das kultivierte Produkt der Erde das nur Animalische vertrat. Die grundsätzliche Bedeutung bleibt dabei die gleiche. Für die Römer war der Kuchen der gegebene Ersatz für das Fleisch, denn Kuchen wurden auch bei der Ahnenverehrung verwendet, was in unserem Zusammenhang besonders sinnvoll ist, wenn wir daran denken, dass die römischen Laren Schlangen war.

Während in der Opfernden der Gott noch unsichtbar in den Eingeweiden waltend dargestellt ist, wird er im sakramentalen Mahl durch das Essen des zerschnittenen Opferkuchens, das offenbar am Altartisch auf die Weihung der Zweiglein folgt, schon auf einer höheren Stufe, nämlich im Magen des Menschen empfangen. Der Magen ist im Körperhaushalt die Küche, wo die Speise für die Verdauung vorbereitet wird. Essen und Verdauung sind uralte Symbole, die wir übrigens noch heute kennen und in der Umgangssprache für eine Art der Erfahrung verwenden, die nicht mehr nur in emotionaler Ergriffenheit besteht, sondern in einem langsamen Prozess, wobei Inhalte »geschluckt« und dem eigenen Wesen einverleibt werden. Das »Schlucken« bedeutet dabei ein willentliches Aufnehmen und das »Verdauen« ein allmähliches Integrieren dessen, was der geschluckte Inhalt für und in dem Menschen selbst bedeutet.

Es hat mir große Schwierigkeiten bereitet, die Symbolik der rituellen Handlung am Altartisch in kurzen Worten einigermaßen fasslich darzustellen, denn ich musste dabei viele subtile Einzelheiten auseinanderhalten, die zum Teil gleichzeitig verlaufen oder ineinandergreifen. Den Kuchen zu zerschneiden ist auch eine Art der »Zerstückelung« und daher müssen auch wir nun versuchen, das, was wir aufgenommen haben, zu »verdauen«. Das heißt, wir müssen versuchen zu verstehen, was die Symbolhandlung am Altartisch vom psychologischen Standpunkt aus bedeuten kann. Von diesem Standpunkt aus muss ich nun beinahe die gleichen Dinge wie vorher nochmals besprechen.

Wir gehen dabei am besten von der Mythologie der Titanen und ihrer Erbschuld aus. Die Titanen waren die Töchter und Söhne von Gaia, der Erde, und sie waren auch die ersten Herrscher über die Erde. Erst in der nächsten Göttergeneration kamen dann die Olympier auf, die in einem langen, furchtbaren Kampf die Titanen stürzten und sie unter den Gebirgen, die sie über ihnen auftürmten, gefangen setzten. Dort aber sind die Titanen immer noch lebendig und regen sich im dumpfen Grollen der Erdbeben und in vulkanischen Eruptionen. Als Symbole stehen die Titanen für die elementare Triebhaftigkeit und die hitzigen Gelüste, die alle erdhaften Geschöpfe beherrschen.

Die Olympier dagegen, die nachher entstanden, verkörpern verschiedene Aspekte des bewussten Geistes, der, indem er Ordnung und Stetigkeit schafft, die wilden Triebe besiegen und sogar unterdrücken muss. Aber ausgerottet werden diese dadurch nicht. So wie die Titanen aus ihren Gefängnissen die Erde erzittern lassen und feurige Eruption verursachen, so kann es auch unter der Herrschaft des bewusst gewordenen Geistes immer wieder geschehen, dass die gewaltsam gezähmte Triebhaftigkeit eruptiv und feurig wieder neu hervorbricht. Mit dem olympischen Sieg des Geistes ist also das Problem der Triebhaftigkeit und der Gier nicht gelöst, es ist nur vertagt.

Darum erschafft Zeus nach der orphischen Tradition den Dionysos. Er plant, ihn zum neuen Herrscher über die Erde zu machen. Hier sehen wir, wie in dem durch Zeus verkörperten bewussten Geist die Intuition des vereinigenden Symbols entsteht: Dionysos, in dem Licht und Dunkelheit vereinigt sind, so dass er den Kampf der Gegensätze lösen könnte. Aber die bloße Intuition, die in Wirklichkeit der prä-existente Dionysos-Zagreus ist, genügt nicht, im Gegenteil, sie verschärft nur Widerstreit und Verwirrung. Die Titanen brechen hervor, sie zerstückeln den Zagreus und Zeus muss sich scheinbar geschlagen geben. Aber nun beantwortet er den feindlichen Streit durch eine schöpferische Tat, die über die bloße Intuition hinausgeht. Er verbrennt die Titanen zu Asche und daraus werden die Menschen geschaffen.

Bis hierher hatten wir es mit einem kosmischen Mythos zu tun, der den ewig dauernden Kampf zwischen Geist und Materie abbildet. Nun aber, mit der Erschaffung der Menschen, wird der gleiche Kampf auf eine neue, die menschliche Ebene versetzt und erscheint als ein innermenschliches, mikrokosmisches Geschehen. Wie auch in anderen Mythen der Mensch die Lösung göttlicher Probleme darstellt, so ist auch hier dem Menschen die Aufgabe gegeben, den Urkampf zwischen Geist und Materie durch seine Entwicklung zu lösen.

Was bedeutet es aber aus der Sicht menschlicher Entwicklung, wenn die Titanen das vereinigende Symbol verschlingen? Es könnte bedeuten, dass für den Menschen Heilspläne, die er auf der intuitiven Ebene belässt, nicht genügen, denn diese schaffen nur Widerstreit und Verwirrung. Dadurch wird um so deutlicher, dass auch für den Menschen der höchste Wert zunächst, ob er will oder nicht, in der Triebhaftigkeit der materiellen Ebene steckt. Das kann nicht anders sein, es ist der natürliche, jugendliche Zustand aller Menschen, dass die Triebe und Gelüste für sie zunächst wegweisend sind und sie an die Materie verhaften. Ihr erstes Ziel ist die materielle Welt.

Ich kannte einen indischen Studenten, der auch Schüler eines Yogis war. Dieser hatte ihn zuerst im Hatha-, also im Körperyoga, unterrichtet und ihm dann eines Tages gesagt, dieser Unterricht sei nun beendet und er könne sich einer höheren, geistigen Stufe zuwenden.

Er solle es sich überlegen. Der Student tat dies und fand heraus, dass immer noch eine unüberwindliche Neugierde in ihm lebendig war. Das gestand er seinem Yogi und dieser urteilte, dass der Student in diesem Fall mit dem Essen der Welt noch nicht zu Ende sei; er müsse auch seine Neugierde zu Ende essen und solle daher eine Reise um die Welt machen. Der Student hatte kein Geld, machte sich aber dennoch auf den Weg. Er verdiente seine Weltreise, indem er von Universitätsstadt zu Universitätsstadt fuhr und immer an den medizinischen Abteilungen Vorträge und Demonstrationen über Hatha-Yoga gab. Dabei traf ich ihn – einen bescheidenen, eifrigen und prächtigen jungen Titanen.

An diesem Beispiel können wir sehen, wie wichtig von der alten indischen Weisheitslehre das »Essen der Welt« für die Entwicklung des Menschen genommen wird. Es ist für alle Menschen wichtig, aber wenn dieser Zustand andauert und einseitig wird, führt er zu einer Überschätzung der Triebhaftigkeit und der Materie.
Das sehen wir beispielsweise in der römischen Zivilisation der Kaiserzeit, als zügellose Sinnenlust und Weltlust herrschten, so dass sich im spätrömischen Leben eine gewaltige Kluft auftat zwischen der titanischen Gier und der olympischen Ordnung des Bewusstseins, die sich so offensichtlich in der römischen Staatsweisheit und im römischen Recht offenbarte.

Im Mittelalter schienen dann die Titanen besiegt und durch Verdrängung begraben zu sein. Daher war in dieser geistig hochkultivierten Epoche der Körpermensch ein im Schmutz vernachlässigtes, armes Tier, das sich immer wieder durch maßlose Eruptionen rächte.

Der Kampf zwischen der Bewusstseinsordnung und der Triebhaftigkeit, die sich als Weltlust oder Machtgier äußern kann, ist zu jeder Zeit ein Problem – auch heute. Die Wissenschaften haben zwar in der modernen Welt sozusagen eine olympische Ordnung hervorgebracht. Aber wir müssen nur die Reklame ansehen, um zu erkennen, dass Sinnenlust, Sensationslust und Prachtliebe die Phantasie beherrschen. Welche Explosionen die titanische Machtgier in der heutigen Welt hervorruft, das brauche ich nicht zu beschreiben.

Überbordende Triebhaftigkeit ist in Wirklichkeit unsere Erbschuld, unsere titanische Erbschuld, und das Weltleben führt jeden irgendwann einmal in sein Verhängnis:

»Ihr führt ins Leben uns hinein,
ihr lasst den Armen schuldig werden,
dann überlasst ihr ihn der Pein,
denn alle Schuld rächt sich auf Erden.«

(J. W. von Goethe, Wilhelm Meister)

Der Blitz des Zeus, der die gefräßigen Titanen zerschmettert, ist ein Symbol für plötzliche Einsicht in die Sinnlosigkeit der Gier, die den Menschen treffen kann wie ein Blitz und ihm die Einseitigkeit des materiellen Lebens verleidet. Dieses Symbol zeigt auch, dass eine solche Einsicht eine schöpferische Tat bedeutet, weil der Mensch dadurch erst wirklich zum Menschen wird. In unseren Fresken ist diese Einsicht durch die sakramentale Handlung der zweiten Szene symbolisch dargestellt, nämlich in der Gestalt der jüngeren Priesterin, die das Weihwasser ausgießt und eine Schriftrolle trägt.

Diese Gestalt ist eine Entsprechung zur Priesterin der ersten Szene; sie ist ebenfalls eine Verkörperung des Bewusstseins, dem durch die Tradition – dargestellt durch die Schriftrolle – die Erkenntnis gegeben ist, dass die von Schuld getrübte Seele Reinigung braucht. Darüber möchte ich hier nichts Weiteres sagen, denn wie Reinigung und erste Wandlung sich in unserem Mysterium erfüllen, werden wir im Bild der nächsten Szene sehen.

Ich möchte in diesem Zusammenhang nur noch ein Wort über den tieferen Sinn der Lorbeerzweiglein sagen, die gereinigt werden und von denen ich bisher andeutungsweise als Symbole des psychischen Wachstums sprach. Wie können wir vom psychologischen Standpunkt aus verstehen, was frei wird, wenn der Mensch seine titanische Natur durchschaut? Es muss etwas sein, das ebenfalls zu seiner Natur gehört, etwas, das mit ihm geschaffen – oder mit anderen Worten – das ihm anlagemäßig als sein höchster Wert, als dionysischer Funken, gegeben ist. Weil die Lorbeerzweiglein in die *cista mystica* hineingelegt werden, könnten wir sagen, es handle sich um eine psychische Anlage im Menschen, die dem Göttlichen in natürlicher Weise zugewandt ist. Wir können sie den »religiösen Instinkt« nennen, der in jedem Menschen als eine archetypische Verhaltensweise angelegt ist und dem er folgen kann, sobald er von der Verdunkelung durch die Begierde befreit ist.

Wenn der Instinkt rein wird, ist er immer der zuverlässigste Führer, denn er ist der ewig-menschlichen Notwendigkeit genau angepasst. Die Wendung zum Göttlichen als instinktive Möglichkeit ist tatsächlich ein höchster Wert – wenigstens nach dem *consensus omnium* aller Zeiten. Wo sie hinführt, weiß man jedoch unter Umständen selbst nicht; man braucht einen höherstehenden erfahrenen Menschen, der dabei die Lenkung übernimmt. Auf unserer zweiten Freskenszene ist die Oberpriesterin diese leitende Gestalt. Sie hat gewissermaßen die »Instinktleitung« inne und diese führt den dionysisch bedingten Menschen nicht hinauf, wie den Christen, sondern hinunter zum Licht unter der Erde, symbolisiert durch die *cista mystica*.

Viele moderne Menschen sind nicht mehr in der glücklichen Lage, ihrem archetypischen Ursprung nahe genug zu sein, dass eine tradierte kultische Handlung Einsicht und Wendung für sie bewirken könnte. Wir haben ein starkes, sogar starres persönliches Bewusstsein entwickelt und müssen daher auch das Problem der Triebhaftigkeit und der Menschenschuld, von der niemand frei ist, unter Umständen persönlich verstehen. Das heißt, wir müssen genau erkennen, wo und wie wir persönlich dem Machttrieb oder der Lust verfallen sind und welche Schuld, für die wir persönlich verantwortlich sind, wir mit dem Weihwasser der Reue begießen müssen, damit sich der religiöse Instinkt durchsetzen und frei und rein in uns wirken kann.

Der zweiten Szene unserer Freskenfolge entspricht daher bei vielen modernen Menschen die Erforschung des persönlichen Unbewussten. Wer aber hätte gedacht, dass die platte und höchst unerfreuliche Beschäftigung mit den Schattenseiten und dem Allzumenschlichen eine Parallele zu einem Mysteriensakrament bedeuten könnte? Und doch ist es so – es kann gar nicht anders sein, denn auch wir moderne Menschen können nicht einmal die simpelste Einsicht in Bezug auf das persönliche Unbewusste gewinnen, wenn uns nicht der gute dienstbare Geist die *cista mystica* mit der Schlange bringt. Wir sehen diese allerdings nicht in der antiken konkreten Form, sondern wir brauchen einen erfahrenen Menschen, der uns leitet, denn für uns ist der mystische Korb, der göttlichen Inhalt schlangengleich verbirgt, der Traum.

Die Unterscheidung des persönlichen und des kollektiven Unbewussten ist durch die stark ausgeprägte Entwicklung des Bewusstseins im Laufe der Neuzeit notwendig geworden. Diese hat den einzelnen Menschen zu einer ausgeprägten Entwicklung der bewussten Persönlichkeit geführt und das auf Kosten all jener Wesenselemente, die als unpassend empfunden und daher vernachlässigt wurden, so dass der Einzelne sie erst im Laufe seiner Entwicklung als Inhalte des persönlichen Unbewussten wieder heraufholen und integrieren muss, um seine Persönlichkeit ganz zu machen. Dabei stößt er aber auch auf die Inhalte des kollektiven Unbewussten und es kommt zur großen Auseinandersetzung, die wir als Individuationsprozess bezeichnen.

Für den Menschen der Antike waren die Verhältnisse nicht ganz gleich. Das Unbewusste war hier vom Bewusstsein noch nicht so scharf getrennt, seine Inhalte flossen in Form von legendären und mythischen Vorstellungen beständig in die Weltanschauung ein.

Auch seine menschliche Natur erlebte der antike Mensch in solchen Vorstellungen, z.B. in der orphischen Vorstellung von der Titanennatur. Was für uns das persönliche Unbewusste ist, war für ihn das titanische Chaos, in dem er durch eine Zerstückelung, d.h. durch eine symbolische Unterscheidung, die *prima materia* finden musste, wenn ich diese alchemistische Terminologie verwenden darf.

Die *cista mystica* mit der Schlange ist eine Parallele zur alchemistischen *prima materia*. Sobald sich der Myste kultisch auf sie bezog und daran »partizipierte«, fand er sie auch in sich als die Möglichkeit psychischen Wachstums über den chaotischen Zustand des »gegebenen« Menschen hinaus. Das ist in unserem Symbolzusammenhang durch die *libatio* der grünen Lorbeerzweiglein dargestellt.

Dem antiken Menschen war durch die Mysterienkulte eine traditionelle Form und Methode gegeben, das Chaos des gegebenen, titanischen Menschen religiös zu durchschauen, eine Methode, die ihn fast unmerklich und ohne schwere persönliche Konflikte bis an die Grenze des kollektiven Unbewussten führte, wodurch seine Problematik der unsrigen ähnlich wurde: Auch ihm öffnete sich dann das unbekannte Land der Menschheitsträume, mit denen er sich durch ein dem modernen Individuationsprozess entsprechendens Erleben auseinandersetzen musste. So sehen wir es auf den Fresken unseres Mysterienkultes von der dritten Szene an dargestellt.

Dritte Szene

Nach der zweiten Szene mit ihrer sakramentalen Handlung werden wir nun in ein Märchenland und damit auf eine neue Ebene des Erlebens versetzt. Die menschlichen Gestalten mit ihrem Ritual und ihren Kultgegenständen treten in den Hintergrund und die Geheimnisse der Natur werden offenbar: Ein mit Myrten bekränzter Silen spielt in Verzückung auf einer Leier und Faune und Zicklein freuen sich an einem idyllischen Beisammensein.

Wir sprechen zuerst über die Gestalt des Silens, der die zweite Szene mit der dritten verbindet. Ein fallender Mantel von zart lila Tönung verdeckt nur seine untere Körperhälfte. Das Symbol der Halbnacktheit weist darauf hin, dass er ein halbgöttliches Wesen ist, das im Menschlichen wurzelt, in der Verzückung jedoch ins Göttliche hineinragt und ihm angehört. Die weiche Dickleibigkeit, die ein Hauptcharakteristikum der Silengestalt ist, ist auf unserer Darstellung besonders stark hervorgehoben; er ist fast abstoßend schwammig und dick.

Silenos ist ein ständiger Begleiter des Dionysos. Er war urspünglich ein Quelldämon, dem Weisheit entströmte, also ein wässriger Geist, gleichzeitig war er aber auch ein dionysischer Weindämon, der in der Trunkenheit prophezeite. Er hatte das Blut des Gottes in sich. Die Quelle, die er verkörperte, war also eine göttliche. Als Parallele kann das »göttliche Wasser« der Alchemie herangezogen werden. Als Quell göttlichen Wassers war der Silen auch der Lehrer des Dionysos. In unserem Symbolzusammenhang ist er die Verkörperung jenes heiligen Wassers, das in der zweiten Szene die Lorbeerzweiglein reinigt. In der Gestalt des Silens ist dieses Wasser lebendig geworden: Es ergießt sich aus ihm wie eine frische Quelle und murmelt in den sanften Tönen der Leier.

Das ist die Grundbedeutung des Silens und zugleich seine göttliche Seite – heiliges Wasser, das wie Wein belebend und beschwingend wirkt. Wenn wir diese Symbolik in unsere moderne Sprache übersetzen wollen, so könnten wir vielleicht sagen, sie beziehe sich auf die heilende, reinigende Bedeutung des Unbewussten, wenn es zu lebendiger Wirkung kommt. Diese Bedeutung hat Wasser immer: Es ist das Unbewusste im Fluss. Wenn die Mystin unseres Kultes auf ihrem Einweihungsweg zur Gestalt des Silens kommt, steht sie an der Schwelle, an der sich ihr das kollektive Unbewusste öffnet. Der Silen ist der Vermittler, der sie mit den Inhalten der Kollektivpsyche in Verbindung setzt.

Er ist also eine ungemein wichtige Gestalt und hat dementsprechend auch sehr viele bedeutsame Aspekte. In der Antike war eine besondere Art der Silenbilder beliebt, die sich öffnen ließen und kostbare kleine Statuen enthielten. Sie zeigten, dass der Silen als der Vermittler auch so etwas wie ein Schatzkästlein ist, das Kostbarkeiten enthält. Diese entquellen ihm als die Weisheiten, die er kündet und durch die er auch der große Lehrer ist. Dazu gehört die volkstümliche Tradition, dass er, wenn er betrunken war, von den Bacchanten mit Rosenketten gefesselt wurde, damit er prophezeie. Er gab seine Weisheit preis, wenn man ihn mit liebevoller Schmeichelei umgab. In diesem Sinne vergleicht auch Alkibiades in Platos *Gastmahl* im Augenblick, als die Trunkenheit dieses beschwingten Abends ihren Höhepunkt erreicht, Sokrates mit dem Silenbild, in dem man, wenn man es öffnet, die Statue eines Gottes erblickt.[15]

Das Schatzkästlein mit dem kostbaren Inhalt ist ein Gefäß und damit ein weibliches Symbol. Es betont den weiblichen, mütterlichen Zug, der schon in der weichen Körperlichkeit des Silens, die archaisch anmutet, hervortritt. Sie scheint weit zurückzureichen, wie man gewissen Parallelen entnehmen kann. Zum Beispiel huldigten im peloponnesischen Kult Kordaka-Männer, die als feiste Weiber verkleidet waren, in einem heilig-unanständigen Tanz, dem Kordax, der Göttin Artemis. Die Fettleibigkeit war dabei, ähnlich wie beim Silen, das hervorstechendste Charakteristikum.

Was die Männer tanzend verkörperten, entspricht nach Kerenyi jenen prähistorischen weiblichen Idolen griechischer Vasenbilder, die geradezu Berge von Fleischlichkeit waren. Sie sind eine archaischkonkrete Darstellung der überfließenden Fülle der Allmutter Natur. Diese Fülle und auch das sich stets wandelnde, tanzende Naturgeschehen wurden durch die Kordaxtänzer der Artemis dargestellt. Das gleiche stellt auch der Silen dar, zugleich aber mit der Idee, dass das Naturgeschehen eine geheime Bedeutung in sich berge wie kostbare Götterstatuen. Die Götterstatuen symbolisieren den Sinn, der sich im wandelnden, fließenden, tanzenden Naturgeschehen offenbart. Diese Idee war den Alten vertraut. Die lateinischen Begriffe des *omen*, des Vorzeichens, und des *portentum*, des Zeichens der Götter, drücken diese Anschauung aus, auf der alle alten Divinationsmethoden, z.B. die Opferschau oder der Vogelflug beruhten.

Während der Silen in seinem weiblichen Aspekt wie die Frauen der vorangegangenen Szene den Myrtenkranz trägt, der die Fülle und die bräutliche Empfangsbereitschaft der Natur symbolisiert, ist sein männlicher Aspekt der des Priesters, des Divinators, der in Verzückung den Sinn des Naturgeschehens von Augenblick zu Augenblick weissagen kann. Dies ist gleichzeitig auch seine mehr menschliche Seite. Der Silen ist in dieser Hinsicht etwa einem Medizinmann primitiver Stämme vergleichbar, der Frauenkleider trägt und sich verweiblicht, gerade dann, wenn seine Funktion eine geistige, führende und lehrende ist. Er stellt ganz konkret dar, dass er, indem er seinem Stamm die göttliche Weisheit der Ahnen vermittelt, nur Gefäß, nur Instrument für die übermenschlichen Kräfte ist, die in ihm walten.[16]

Auf höherer Kulturstufe finden sich ähnliche Anschauungen z.B. in China, wo der Sinn des sich ständig wandelnden Naturgeschehens in dem Begriff des »Tao« gefaßt wurde. Richard Wilhelm erzählte, dass er einmal einen Chinesen fragte, was das Tao denn sei. Da deutete dieser auf die Aussicht durch das Fenster und sagte: »Das alles, die Bäume, die Wiesen, der Wind, alles, was wir sehen, ist das Tao. Es ist das sich wandelnde, tanzende Naturgeschehen, das immer im Fluss und gleichzeitig immer die Manifestation des sich ebenso wandelnden Sinnes ist.« In dieser Hinsicht könnte man die göttliche Seite des Silens auch als eine Verkörperung des Tao bezeichnen. Gleichzeitig ist er aber auch, wie die Chinesen sagen, der Edle, der die Bedeutung des Geschehens versteht und sie vermitteln kann.

Ähnliche Anschauungen bestanden auch in Europa bis in die Neuzeit. Paracelsus z.B. drückte es so aus, dass es für den Menschen zwei Erkenntnisquellen gebe, die eine sei Gott und die andere das Licht der Natur, das mache, dass Pflanzen und Tiere dem aufmerkenden Menschen Weisheit künden könnten.

Das Silenbild, das Kostbarkeiten enthält, ist ein Symbol für das Licht der Natur, gleichzeitig ist es aber auch der Künder des Lichtes. Als solcher ist der Silen für die Mystin des pompejanischen Kultes Mutter, Vater und Vermittler. Seine Väterlichkeit zeigt sich in einer weiteren Symbolik, die ebenfalls zu diesem vielschichtigen Bild gehört. Er ist auf der Leier spielend dargestellt, einem Instrument, das ursprünglich nicht zum Silen gehörte. Er hat es hier vom ersten Lehrer der Orphiker, Orpheus, übernommen, der den Geheimkult des Dionysos nach Griechenland gebracht haben soll.

Auf den Fresken des Einweihungssaales der Villa ist demnach die Gestalt des Silens mit der des Orpheus verschmolzen. Als Repräsentant des ersten Lehrers verkörpert er die Tradition, durch die von Generation zu Generation Mysterienweisheit aus der Ferne der Frühzeit bis nach Pompeji getragen wurde.

Es ist eine wichtige Erkenntnis, die sich in vielen Weisheitslehren findet, dass sich kein einzelner Mensch Weisheit gewissermaßen aus den Fingern saugen kann. Er ist dabei auf die Menschheitserfahrung angewiesen, die von Mund zu Mund, von Meister zu Schüler weitergegeben wird und das gesamte Wissen über das Leben enthält, das sich der fragmentarische Einzelmensch nie erwerben kann. Auch in der Alchemie war diese Erkenntnis eine Weg-weisende, ebenso wie sie z.B. im indischen Yoga wegweisend ist. Wie die Weisheit jedoch tradiert wird, das kann allerdings von Fall zu Fall ganz verschieden sein.

Orpheus lehrte, indem er sang und die Leier spielte. Sein Gesang war so mächtig, dass er die ganze Natur bezwang. Wenn er zur Leier sang, flogen die Vögel um ihn herum, die Fische verließen das Wasser und sprangen in seine Nähe. Der Wind und das Meer wurden still, die Flüsse flossen aufwärts ihm entgegen. Es schneite nicht und es gab keinen Hagelschlag. Bäume, selbst Steine folgten Orpheus nach, Tiger und Löwen legten sich neben Schafe und Wölfe neben Hirsch und Reh.

Was aber bedeutet das? Es heißt wohl, dass durch die divinatorische Einsicht in die Bedeutung des Naturgeschehens – oder anders gesagt durch die Wahrnehmung eines sinnreichen Fortgangs, einer Entwicklung im Naturgeschehen – dieses von innen her als harmonisch geordnet erkannt wird. Alles wird Licht und alle Geschöpfe werden befriedet, wenn der Vermittler das Licht der Natur anbetend vertritt. Orpheus ist eine Verkörperung der Andacht und Frömmigkeit, er symbolisiert die religiöse Einstellung, die allen Widerstreit löst, weil dabei die ganze Seele dem zugewandt wird, was jenseits allen Widerstreits liegt.

Dieses wird auf unserem Fresko durch die Verzückung des Silens ausgedrückt. Er singt das, was die Leier gewissermaßen von selbst spielt. Und indem er das tut, ist er tatsächlich ein Orpheus, d.h. ein guter Hirte, dessen uralte Verkörperung Orpheus war. Als guter Hirte hütet er auf dieser Stufe der Einweihung die Mystinnen unseres Kultes, denen die Einstellung des Vermittlers als Vorbild dient.

Aber – wird man sagen – die Mystinnen sind doch gar nicht da. Auch die Initiandin, die wir auf den beiden vorangehenden Szenen sahen, ist verschwunden. Statt der Menschen sehen wir neben dem Silen einen jungen Faun, eine Paniske und drei junge Ziegen. Das faunische Pärchen sitzt auf einem kleinen Felsen. Der Faun im Hintergrund spielt die Hirtenflöte und ein Zicklein ist an ihn geschmiegt; die Paniske vor ihm säugt ein zweites Zicklein, während ein junger Bock äugend und lauschend im Vordergrund steht, so als erwarte er etwas.

Faun und Paniske symbolisieren wohl, dass in der vordem verdunkelten und getrübten Natur wie in einer Morgendämmerung ein freundlich-dämonisches Licht sichtbar aufgeht. Die Faune sind gewissermaßen die in die Natur ausgestreuten Funken des Dionysos, daher werden die männlichen Faune oft mit einem Schlänglein als Phallus abgebildet und sind immer auch erschreckend wild oder aufreizend wie der Gott selbst. Auf unserem Bild erscheinen jedoch auch sie durch den Gesang des Silens gezähmt. Der männliche Faun ist durch die Hirtenflöte charakterisiert, das Instrument des Pan, der in der alten Orphik das Licht der Natur verkörpert. Ein orphischer Hymnus[17] preist ihn mit diesen Worten:

»Freund der gottbegeisterten Seelen,
Verzückter, wohnend in Höhlen,
du spielst die Weltharmonie
mit scherzendem Flötengesang …
weidend der Menschen Geschlecht
über dem unermesslichen Erdreich.«

Ich nehme im Folgenden verschiedene Anregungen Feilers auf: In dem jungen Faun und in seiner Flöte wird das Gleiche, das schon der Silen symbolisiert, auf einer tieferen Stufe nochmals dargestellt. Die Musik des Silens pflanzt sich gewissermaßen bis in Wald und Feld, in das Gebiet der Faune fort und auch das Tier schmiegt sich an die kosmische Harmonie an. Bei der Paniske kann man an die Nymphen denken, die Ammen des Dionysos, die mit Pan auf den Bergen tanzten. In diesen Nymphen haben wir die gleiche Vorstellung, der wir schon in der archaisch derben Form des Kordaxtanzes begegneten, d.h. in der Vorstellung vom Tanz des sich wandelnden Naturgeschehens, hier in einer milderen und poetischeren Form.

Eine Entsprechung zu diesen Nymphen ist daher die Paniske, denn auch sie ist eine Amme. Gleichzeitig ist in ihr ein Aspekt des Silens auf tieferer, erdnaher Stufe angedeutet, denn auch sie hat eine Kostbarkeit in sich: die süße, nährende Milch. Es ist ein wahrhaft tiefsinniger Gedanke, der mit dieser Symbolik aufkommt, dass nämlich das Licht der Natur – oder der Sinn, der sich in den Dingen manifestiert – nahrhaft ist wie Muttermilch. Ich möchte dazu erwähnen, dass das verbreitete alchemistische Symbol der Jungfrauenmilch – *lac virginis* – wohl eine ähnliche Bedeutung hat. Alles, was der Silen verkörpert, verwirklicht sich in den Wesen, die er als guter Hirte hütet, das Wilde und Erschreckende ist gezähmt, das Chaos wird zur tönenden Ordnung, das heilige Wasser quillt und fließt in die Geschöpfe als nährende Milch ein.

Nun, zum Glück wissen wir genau, was für Geschöpfe die Zicklein sind, und damit können wir auch die Frage beantworten, wo die Initiandin geblieben ist.

Aus orphischen Quellen ist uns überliefert, dass Mysten auch als Zicklein erscheinen. Im orphischen Kult war das Symbol der Mysten als Zicklein sogar besonders wichtig. Es wurden goldene Täfelchen mit Inschriften in Gräbern gefunden, die die Orphiker ihren Verstorbenen mitgaben, um ihnen auf dem schweren Weg durch die Unterwelt zu helfen. Die Inschriften sollten im Toten die Erinnerung daran wachrufen, was er im Kult erlebt hatte, denn das konnte auch nach dem Tod wegweisend für ihn sein und war seine Beglaubigung vor dem Herrscher der Seelen, Dionysos. Nach Maiuri trägt ein solches Goldplättchen, das in einem Grabe bei Thurii gefunden wurde, diese Inschrift:

»Ein Gott wurdest du aus einem Menschen,
ein Böckchen fielst du in die Milch.«

Das heißt, der Tote sollte sich daran erinnern, dass er im Leben den Weg der Wandlung schon einmal durchschritten hatte. In der Tierform des Zickleins oder Böckchens war er bereits ein zweimalgeborener Unsterblicher. Er hatte schon die gleiche Wandlung wie Dionysos durchlaufen und dadurch war ihm die Milch der Gnosis, der Erleuchtung, zuteil geworden. Es gibt noch weitere solche Goldtäfelchen, deren Inschriften die gleiche Bedeutung haben. Der Fall vom Menschlichen in das Tierische, das aber zugleich göttlich ist, ist also der ausschlaggebende Schritt im orphischen Mysterienkult; er ist die Voraussetzung der Erlösung.

Wenn in unserer Freskenfolge die Initiandin plötzlich als Zicklein erscheint, so zeigt dies, dass sie zwischen der zweiten und dritten Szene diese Wandlung durchgemacht hat. Ihre frühere menschliche Form war ja eine uneigentliche gewesen, denn sie war durch die chaotische Titanennatur bestimmt.

Die Initiandin war am Anfang nur »jenes in Teilaspekte aufgespaltene Ereignis gewesen, das sich auch Mensch nennt«[18]. Darin die »ursprüngliche Unschuld der reinen Tiernatur« wieder zu finden, bedeutet einen entscheidenden Schritt in der Entwicklung, obwohl es erlebnismäßig ganz gewiss zuerst als ein Fall empfunden werden muss. Denn was erfährt die Initiandin, wenn sie zum Zicklein wird? Als Tier ist sie der menschlichen Sprache beraubt; was sie fühlt, was in ihr vorgeht, kann sie nicht mehr sagen.

Der Verlust der Sprache ist fast wie ein Tod. Oder wie wäre uns wohl ums Herz, wenn wir nur noch blöcken könnten? Es ist dies zwar ein Zustand, in den jeder Mensch geraten kann, wenn er beispielsweise unter der Wirkung eines Schocks leidet. Es gibt auch landläufige Ausdrücke dafür, wie »ich bin sprachlos«, oder »es hat mir die Sprache verschlagen«. Sie zeigen sehr klar, was der Fall in die Tierform in unserem Mysterienkult in Wirklichkeit bedeutet.

Die Initiandin ist wie vom Donner gerührt und sprachlos geworden. So sieht die erste Vereinigung der Mystin mit Dionysos aus – ein Schock, der vollständig die Sprache verschlägt. Psychologisch bedeutet das einen einschneidenden Bewusstseinsverlust. Was man vorher gewusst hat, steht nicht mehr zur Verfügung, und das, was man an Vernunft besessen hat, nützt auch nichts mehr, wenn man vom Donner gerührt wurde. Man wird dadurch auf jene ganz andere, irrationale Ebene des Er1ebens versetzt, der die Symbolik der Faune und Tiere im felsigen Märchenland entspricht.

Die erste Wandlung im Mysterienkult ist also der Verlust des früheren Bewusstseins. Es ist ein Überwältigtsein von Ereignissen, die man nicht fassen kann. Nach der orphischen Auffassung ist es wesentlich, dass der Mensch zunächst diesen Zustand erreicht. Gerade dadurch wird er für sein Leben über den Tod hinaus göttlich geprägt.

Gerade damit kann er sich vor dem Herrscher der Seelen legitimieren. Er darf sagen, ich habe die Schwelle erreicht, an der gewöhnliches Menschenbewusstsein nichts mehr bedeutet und nichts mehr gilt – ich wurde zum Zicklein. Das Zicklein ist in diesem Sinne das Symbol der völligen, stummen Hingabe des Menschen an das Höhere, das in der dritten Szene unserer Freskenfolge im Silen-Orpheus verkörpert ist.

Eine entsprechende Wandlung ist auch für den Individuationsprozess des modernen Menschen charakteristisch. Bei der Annäherung der wirkungsmächtigen Faktoren des kollektiven Unbewussten erleidet auch er einen Schock, der zu einem schweren Bewusstseinsverlust führt. Auch er wird dadurch zum »Zicklein«. Er muss einsehen, dass all sein Wissen und Können vor Ereignissen versagt, die die Aufnahmefähigkeit des Bewusstseins weit übersteigen, so dass vorbehaltlose Hingabe das Einzige ist, was übrig bleibt. Die Ahnung, dass sich dieser Zustand nähert, kann sich auch im modernen Menschen in ganz ähnlichen Symbolen ausdrücken, wie wir sie hier auf der dritten Freskenszene sehen. Der Traum eines modernen Träumers in *Psychologie und Alchemie*, enthält z.B. ein kurzes, aber entsprechendes Bild: »Ein grünes Land, wo viele Schafe weiden. Es ist das Schafland.« C.G. Jung sagt dazu im Kommentar: »Dieses merkwürdige, zunächst undurchsichtige Stück dürfte aus Kindheitseindrücken stammen, insbesondere aus religiösen Vorstellungen (die in diesem Zusammenhang nicht zu ferne liegen), z.B. *Der Herr weidet mich auf grüner Aue*, oder die frühchristliche Allegorik der Schafe und des Hirten.«

Zum Unterschied zwischen der christlichen Symbolik der Schafe und der dionysischen der Zicklein könnte man vielleicht kurz das Folgende sagen: Im christlichen Symbol des Schafes ist das Lichte – Sanftmut, Willigkeit, Harmlosigkeit – hervorgehoben, während im Zicklein das Dunkle – die Anfechtbarkeit des Geschlechts, das Faunische – im Vordergrund steht.

Das willige Schaf verkörpert eher die gehorsame Zugänglichkeit für Weisheit und Vernunft, die dem natürlichen Menschen gegeben ist, während die neugierige Ziege die ebenso natürliche Tendenz verkörpert, sich vom Unbekannten, Irrationalen faszinieren zu lassen. Letzteres wird vor allem in dem jungen Bock deutlich dargestellt, der zuvorderst auf dem Bilde so intensiv in etwas hineinäugt und lauscht, das man jedoch nicht sieht.

Als junge Tierlein, die des guten Hirten bedürfen, stehen jedoch Schaf und Ziege beide in gleicher Weise für einen frühkindlichen Zustand, wenn der Mensch noch ganz unbefangen er selbst ist. Der Fall in die Tierform ist gleichzeitig eine Rückkehr zur reinen Kindlichkeit, wenn die Instinkte noch unverdorben walten und das Gemüt frei von den Verfälschungen der Zivilisation ist.

Der Mensch wird zu seinem Ausgangspunkt, dem Unbewussten, zurückgeführt, das er heranwachsend verlassen musste. Das grüne Schafland im modernen Traum und das Waldland der Faune auf dem Fresko sind beides Symbole des Unbewussten. Nun hat der Mensch es wieder erreicht, es tönt in ihm und nährt ihn, er kann sich wieder wie ein Kind an die Mutterbrust anschmiegen. Wie ein Kind kann er wieder auf unbekanntes, neues Leben hoffen.

Das alles ist aber nur unter der Führung des guten Hirten möglich. Wäre dieser nicht da, im heiligen Raum, würde der Mensch im Unbewussten einfach verschwimmen und es käme zu einem Rückfall in bloße Unbewusstheit. Der gute Hirte zeigt ihm das Licht, das im Unbewussten enthalten ist und weist ihm die Richtung, indem er die Leier spielt und dazu singt. Der Mythos des Orpheus sagt, dass seine Leier als Sternzeichen, das wir noch heute mit diesem Namen bezeichnen, an den Himmel versetzt worden sei.

Die Leier ist demnach ein Symbol ähnlich der Krone der Ariadne, von der wir früher sprachen. Auch sie symbolisiert das Selbst des Menschen, das – uns unbewusst – schon immer da war, aber nun bewusst wird und als sichtbares Ziel erscheint. Da die Leier das Ziel des Mysterienganges repräsentiert, steht sie gleichzeitig auch für Dionysos selbst, zu dessen Gestalt die Musik wesentlich gehört. Die Leier symbolisiert beides, den Weg zum Ziel und das Ziel selbst, und es stimmt auch psychologisch, denn das Ziel wird dem Menschen immer nur in der Form des Individuationsweges sichtbar, den er geht.

In unserem Symbolzusammenhang sind in der 5. Szene durch den zarten, zirpenden Ton des alten Saiteninstrumentes, der vielleicht am ehesten einer Vogelstimme glich, Weg und Ziel charakterisiert. Dieser zarte Ton, die Lockstimme, die aus dem Unbewussten aufklingt und das Selbst ankündigt, kann nur gehört werden, wenn der Mensch schweigt. Die Leier mit ihrem zirpenden Ton ist das zentrale Symbol der 3. Szene. Alles ist darauf bezogen und alle Wesen sind dadurch auch aufeinander bezogen.

Musik hat die Eigenschaft, dass sie, unsichtbar durch den Raum getragen, das voneinander Getrennte durch ihre Schwingungen verbindet. Sie stellt in der 3. Szene die subtile Beziehung her, die der Silen mit den Faunen und diese wiederum mit den Tierlein verbindet. Die Initiandin, die am Anfang der Einweihung durch den Verlust ihrer gewohnten Welt vereinsamt war – eine Verlassene wie Ariadne –, findet wieder einen Zusammenhang, wobei das Verbindende ganz unpersönlich ist: das zentrale Symbol. Wenn sich der Silen der Leier zuwendet und sie in Verzückung zum Klingen bringt, kommen alle Geschöpfe in Einklang, alles wird von göttlicher Inspiration durchdrungen.

Das erinnert an den 35. Vers des *Tao te king*, dem R. Wilhelm die Überschrift gibt »Das Leben der Liebe«:

»Wer festhält das große Urbild [das ist der Selen],
zu dem kommt die Welt.
Sie kommt und wird nicht verletzt,
in Ruhe, Gleichheit und Seligkeit.

Musik und Köder:
Sie machen wohl den Wanderer auf seinem Wege anhalten.
Der Sinn geht aus dem Munde hervor,
  milde und ohne Geschmack.
Du blickst nach ihm und hörst nichts Sonderliches.
Du handelst nach ihm und – findest kein Ende.«

Wir kommen nun noch zu einem ganz anderen Aspekt der dritten Szene, nämlich zu der Frage, ob die bildhafte Darstellung etwas über die Praxis des Mysterienkultes aussagt. Die Frage ist berechtigt, denn die ersten beiden Szenen deuten an, wie auf diesen Stufen die Einweihung praktisch vor sich ging. Da wir wissen, dass die Zicklein symbolisch für die Mystinnen stehen, wurde von Feiler angeregt, die Faune und der Silen könnten auch für Vertreter höherer Einweihungsgrade stehen und das hat insofern eine gewisse Berechtigung, da schon in der Symbolik des Silens die Bedeutung eines priesterlichen Führers mitgegeben ist. Diese gehört zu seiner menschlichen Seite; er ist, könnte man sagen, unter anderem auch die Verkörperung einer Manapersönlichkeit, eines mit übernatürlicher Kraft aufgeladenen Menschen, worauf bei der Besprechung der siebten Szene noch näher eingegangen wird.

Auf unserem Fresko trägt die Silengestalt ganz deutlich sokratische Züge. Er hat das breite, flache Gesicht und die eingedrückte Nase, so wie Sokrates abgebildet wird. Es muss sich dabei um eine bewusste Anspielung handeln; ein überlegener Lehrer, ein Weiser, wie der platonische Sokrates, war gemeint. Natürlich können wir nicht wissen, ob auf dieser Stufe der Einweihung ein orphischer Oberpriester und unter ihm stehende höhere Mysten an der Einweihung mitgewirkt haben. Das wissen wir nicht. Wir können nur sagen, dass die bildliche Darstellung nicht ganz dagegen spricht. Überdies hat es auch eine gewisse psychologische Wahrscheinlichkeit.

Wie ich schon einleitend sagte, war die kultivierte römische Frau am unmittelbarsten auf den Mann – und nicht auf das Kind – bezogen. Vielleicht bedurfte sie daher auf dem Mysterienweg der geistigen Führung einer männlichen Persönlichkeit – eines »Sokrates«, um auf dem Einweihungswege des Kultes zu ihrer eigenen Geistigkeit zu gelangen.

Die Geschlechter brauchen einander auf jeder Stufe. Der Mann ist auf die Frau angewiesen, um seine Gefühle zu entwickeln und die Frau ist in ihrer geistigen Entwicklung auf den Mann angewiesen.

Zunächst vermitteln ihr die Väter und Männer ihres Lebenskreises das Wissen, das sie je nach ihrem Format aufnehmen und für sich weiterentwickeln kann. Das Medium dieser Übermittlung ist die Sprache, in der die geistige Tradition gefasst ist und die bis zu einem hohen Grad für den Einzelnen denkt. Wirklich allein kann kein Mensch alles durchdenken, worüber er geläufig sprechen kann.

Das gilt für alle Menschen und bei der Frau ist damit eine besondere Komplikation verbunden. Der Geist – wie alles Männliche – gehört für sie zu den Inhalten des Unbewussten und erscheint ihr als ein Bild, das, weil sie nicht bewusst darüber verfügen kann, den autonomen Charakter eines Dämons bzw. eines Geistes hat. C. G. Jung bezeichnet dieses außerordentlich wirksame archetypische Bild als Animus, ähnlich dem dem Manne schwer zugängliche Bild der Anima.

Zunächst erlebt die Frau dieses Bild jedoch in der Projektion; es tritt ihr aus dem Vater und den Männern ihres Lebenskreises entgegen und färbt ihr Wissen. Darum hat das Geistesgut, das durch die Sprache tradiert wird, für die Frau eine geheimnisvolle Prägung. Alles, was sie weiß, hat für sie auch einen psychischen Wert, das Bild des Animus manifestiert sich darin und zieht sie an, so dass sie sich unter Umständen auf Worte, vor allem, wenn sie sie nicht ganz versteht, intensiv bezieht. Worte können für eine Frau auf eine besondere Art wichtig und unumstößlich wahr sein, weil sie eine psychische Realität enthalten können – eben das Bild des Animus, das zur Frau selbst gehört und ihre eigene Geistigkeit ausdrückt.

Darum betrachten Frauen bedeutsame Worte einerseits leicht als ihren Besitz und andererseits hypostasieren sie sie auch, d.h., wenn sie beispielsweise sagen »Geist« oder »das Gute« oder »Gerechtigkeit«, dann können sie diese Begriffe unversehens substantialisieren, als wenn es Dinge wären, die ihnen gehörten und die sie in die Tasche stecken könnten. Was ich hier beschreibe, ist das, was man heute häufig als die Animusmeinungen der Frau bezeichnet. Alle erwachsenen Frauen, die über eine gewisse Bildung verfügen – welcher Art sie auch sein mag – haben alle Taschen voll von Animusmeinungen.

Sobald diese bezweifelt werden, bauen sie sie als einen festen Elfenbeinturm um sich herum auf, in dem sie dann unangreifbar sicher sitzen.

Man begegnet diesem Phänomen heute häufig, gerade auf dem Gebiet der Psychologie mit ihrer attraktiven neuen Begriffsbildung. Es gibt viele Frauen, die psychologische Termini mit der größten Sicherheit gebrauchen, als hätten sie mit dem Begriff ein Ding gesetzt, von dem man sagen kann: est – es ist. Mit solch hypostasierten Abstraktionen können sie sich einen Elfenbeinturm bauen, der für sie schmerzhaft werden kann, denn irgendwo in ihrem Inneren wissen sie sehr wohl, dass sie mit diesen Worten nicht die Wirklichkeit des geistigen Bildes besitzen – eher besitzt es sie und narrt sie mit Begriffen und Prinzipien, die ihnen immer wieder entgleiten. Das Feuer, mit dem Frauen ihre Animusmeinungen verfechten können, rührt von der tiefen Unsicherheit her, in der sie in Bezug auf die Wirklichkeit des zugrundeliegenden Bildes schweben. Sie bauen den Elfenbeinturm salomonischer Weisheiten immer höher, weil sie sich im Grunde immer nach einer wirklichen Führung und damit nach ihrer eigenen Geistigkeit sehnen und immer wieder hoffen, sie am Ende doch noch zu finden.

Für die römischen Frauen der hellenistischen Zeit war das nicht viel anders als heute. Die Begriffswelt war zum Teil eine andere, mehr eine mythisch-philosophische, aber die Wirkung, die sie auf die Frauen hatte, war damals die gleiche wie heute. Wir brauchen nur die ersten Frauengestalten der pompejanischen Freskenfolge anzuschauen, um das zu erkennen. Die Initiandin der ersten Szene betritt zwar den Saal durchaus mit korrekter Bescheidenheit, gleichzeitig aber mit einer sicheren Haltung, die keinen Zweifel darüber aufkommen lässt, dass sie sich dem, was geschehen wird, gewachsen fühlt. Sie ist ein kleiner Elfenbeinturm in Person, völlig unangreifbar. Auch die Frau, die den Opferkuchen trägt und schon von dionysischer Stimmung geschwellt ist, hat noch die gleiche selbstsichere Haltung. Oder denken wir an die Statue der Livia, die man in der Villa dei Misteri fand, auch sie ist ein Elfenbeinturm salomonischer Weisheit. Viele Portraitstatuen und Büsten römischer Damen sind im Ausdruck ähnlich wie die prominenten Vertreterinnen der heutigen Frauenwelt.

Diese Entwicklung der Frau, ihre animusgeprägte Erfülltheit mit dem männlichen Geistesgut, ist, ob erfreulich oder nicht, die notwendige Voraussetzung der folgenden inneren Schritte, denn das archetypische Bild des Animus wird dadurch immer mehr angeregt und immer dringender konstelliert. Wenn es der Frau gelingt, der Welt einmal den Rücken zu kehren, wenn sie sich auf den »Mysterienweg« begibt und vom Hauch des kollektiven Unbewussten, ihrer eigenen Sphäre, sprachlos wird, dann wird sie durch eine erste Wandlung von den Animusmeinungen erlöst. Sie wird vom Zauber der Worte befreit und das archetypische Bild des Animus als eines Seelenführers befreit sich aus seiner vorigen Verhüllung: Es steht sichtbar da – in unserer Freskenfolge als der orphische Silen, ein Mutter-Vater und weiser Lehrer, so wie es ihn in der Realität niemals gibt, der aber vielleicht doch dieser Frau zuerst in einem priesterlichen Manne als dem Träger des archetypischen Bildes erschienen sein mag.

Alles Geistige, das einer Frau unbewusst ist, muss sie zuerst durch einen geeigneten Mann erfahren, ähnlich, wie ein Mann seine Gefühlswelt erst durch eine geeignete Frau erschließen kann. So brauchte vielleicht die römischen Frau des pompejanischen Privatkultes, deren Bewusstsein vor den Annäherungen des Göttlichen versagte, auch einen realen Führer, der ihr nicht nur wie ein anderer Sokrates im wahren Sinne des Wortes den Kopf zurechtsetzte, sondern sie auch lehrte, wie das unaussprechbare Mysterium der Psyche religiös empfangen werden kann.

Vielleicht brauchte sie einen realen guten Hirten, der alles, was in ihr kindlich unentwickelt oder noch nicht wirklich menschlich war, zähmte und liebevoll akzeptierte. Kein Mensch kann seine Schwäche und Hilflosigkeit akzeptieren, wenn er nicht von einem anderen mit entsprechender Autorität akzeptiert wird. Für die Frau hat der »sokratische Lehrer«, der ihr eine Manapersönlichkeit bedeutet, diese Autorität. Durch ihn und all die Menschen, die sich um ihn gesammelt haben und durch ihn alle in gleicher Weise auf ein zentrales Symbol bezogen sind, stellt sich für sie ein neuer Zusammenhang her. Solche Gemeinschaften hat es zu allen Zeiten gegeben.

Das Problem der Sprachlosigkeit und Hilflosigkeit versinkt im Nichts, sobald erlebt wird, wie alle vor dem Göttlichen gleich hilflos sind. Der Einklang, der entsteht, fußt auf der fundamentalen Hilfsbedürftigkeit aller Menschen. Das Medium, durch das der Einklang hergestellt wird, kann nicht mehr die Sprache und damit das Wissen sein. Es wird im orphischen Kult durch das Symbol der Musik vergegenwärtigt. Musik war und ist für alle Menschen der essentielle Ausdruck des Gefühls, das, ohne den Kopf zu berühren, direkt zum Herzen geht und aus dem Herzen dringen kann.

Die Leier des Orpheus symbolisiert jedoch keine äußere Musik, die man in Noten setzen und auf realen Instrumenten spielen oder auch singen kann, sondern eine inwendige Musik, so wie es Richard Wilhelm im Titel zum 35. Vers des *Tao te king* als *das Leben der Liebe* formuliert hat. Die dritte Szene unserer Freskenfolge ist so friedlich und schön, weil sie in diesem Kult das Erlebnis der Liebe darstellt, das durch alle menschlichen Sphären bis zur göttlichen Sphäre reicht und sie alle verbindet.

Wenn die psychologische Interpretation, die ich zu diesen Freskendarstellungen zu geben versuchte, zutreffen sollte, könnten wir daraus den interessanten Schluss ziehen, dass der Geist der Frau erst durch die Liebe zum Überpersönlichen geweckt wird.

Dem weiblichen Geist scheint demnach ein religiöser Charakter eigen zu sein. Er kann sich erst entfalten, wenn alle Worte und alle äußere Musik verstummen und die »inwendige« Musik der Liebe zum Klingen kommt. Dann befreit sich der Geist der Frau aus dem Puppenstand und wird sichtbar, so, wie er in Wirklichkeit ist, wenn der Elfenbeinturm der Meinungen zusammenbricht: Noch nicht menschlich wird er auf der dritten Freskenszene durch das Böckchen im Vordergrund des Bildes gezeigt, durch dieses ungeduldige, angriffslustige Tierlein, das vordem die Animusmeinungen der Frau mit seiner dämonischen Hitze gefärbt hatte. Inzwischen ist es offenbar »in die Milch gefallen«, es hat sich abgekühlt und schaut nun nach einer neuen Richtung: Nicht mehr in die Welt, sondern in die unbekannte Zukunft hinein. Es ist sprungbereit!

Vierte und fünfte Szene

Die nun folgende Szene ist dramatisch bewegt. Wir müssen sie jedoch in Zusammenhang mit der folgenden, fünften Szene besprechen, denn beide gehören dem Sinn nach zusammen, obwohl Maiuri sie getrennt nummeriert hat. Maiuri hatte allerdings gute Gründe dafür.

Nach der Gestalt der sogenannten erschrockenen Frau, der einzigen der vierten Szene, ist die erste Längswand des Einweihungssaales zu Ende, so dass dieses Frauenbild für sich allein eine ganze Szene zu bilden scheint. Was danach folgt, steht gewissermaßen hinter der Frau an der Schmalwand des Saales, deren Mittelstück das große Bild von Dionysos und Ariadne ist. Ich habe früher zu zeigen versucht, dass das Bild des Gottes und seiner Geliebten als unsichtbar anwesend gedacht werden muss.

Die Vorgänge, die auf der hinteren Schmalwand des Saales dargestellt sind, haben etwas Besonderes. Sie veranschaulichen Dinge, die gewissermaßen in der Nähe des Gottes, in einem innersten Heiligtum stattfinden. Diese innerste Sphäre hat die sogenannte erschrockene Frau noch nicht erreicht. Sie befindet sich sozusagen erst im Vorhof oder im äußeren Heiligtum, in dem sich die drei ersten Szenen abgespielt haben. Ich gebrauche die Ausdrücke eines »inneren« und »äußeren« Heiligtums hier im Sinne eines »Als-Ob«, um zu veranschaulichen, dass die verschiedenen Wände verschiedene kultische Sphären widerspiegeln. Die Sphäre dessen, was auf dieser Schmalwand abgebildet ist, hat den Charakter eines »Allerheiligsten« bzw. eines Anaktorons. Wer darin ist, kann von dort hinausschauen, aber niemand kann hineinschauen. Was gemeint ist, wird verständlich, wenn wir die Vorgänge der vierten und fünften Szene im Zusammenhang beschreiben.

Die erste Gestalt ist, wie gesagt, eine erregte Frauengestalt, die mit geöffnetem Mund nach vorn schaut, so, als ob sie einen Schrei ausstieße. Die linke Hand hat sie abwehrend ausgestreckt und ihr Körper ist in vehementem Ausschreiten in der Richtung begriffen, von der sie gekommen ist. Mit der rechten Hand hat sie den Mantel ergriffen, um ihn über den Kopf zu werfen. Ihr Schritt ist so schnell, dass sich der Mantel über ihr bläht.

An der Schmalseite, jenseits der Ecke, sehen wir hinter ihr wieder den Silen der dritten Szene. Er sitzt auf einem behauenen viereckigen Stein; ein dunkel weinroter Mantel verhüllt jetzt seine untere Körperhälfte und sein Haupt ist efeu-bekränzt. Er schaut und horcht aufmerksam auf die erschrockene Frau zurück, so als frage er sich: »Was wird sie tun?« Seine Züge sind wieder ausgesprochen sokratisch, aber sein Gesichtsausdruck ist nicht mehr verzückt, sondern klug und streng. Während er zurückblickt, hebt er mit beiden Händen ein silbernes Gefäß empor und zieht die Augenbrauen fragend empor. Ein zweiter junger Faun, der hinter dem ersten steht, lächelt den Beschauer verschmitzt an und hebt gleichzeitig eine finster drohende Satyrnmaske, wie sie im griechischen Theater verwendet wurde, so in die Höhe, dass man sie unmittelbar hinter dem Kopf des Silens erblickt.

Was wird hier für ein Spiel gespielt? Man fragt sich natürlich, was die sogenannte »Erschrockene Frau« in die Flucht nach rückwärts getrieben habe. Sie ist nicht so dargestellt, als ob sie die Schreckensmaske sehen könnte. Maiuri, der in seinen Beschreibungen immer sehr sorgfältig war, versuchte daher, der Richtung ihrer Blicke zu folgen. Es schien ihm, der Blick könne nach vorn auf die Szene der Flagellation gerichtet sein und vielleicht sei sie in einer Vorahnung vor der kommenden Tortur erschrocken.

Wir wollen diese Frage zunächst zurückstellen und uns der religiösen Handlung zuwenden, die hinter der »Erschrockenen Frau« vollzogen wird. Dass diese in einem innersten Heiligtum stattfindet, scheint durch den behauenen, viereckigen Stein angedeutet, auf dem der Silen sitzt. So, wie der rohe Fels in der dritten Szene den Felswald der Faune andeutet, so deutet der behauene Stein hier auf das Anaktoron eines Tempels. Auch die Handlung selbst hat den Charakter eines Gottesdienstes. Es werden also zwei Gegenstände emporgehoben. Der eine ist das Silbergefäß, das Wein enthalten muss, was durch den weinroten Mantel des Silens und durch seinen Efeukranz angedeutet wird. Der Efeu gehört zu Dionysos als Gott des Weines. Der andere Gegenstand, der emporgehoben wird, ist die Schreckensmaske, die Dionysos als Herrn der Unterwelt zugehört. Ich werde darauf später zurückkommen.

Beide Gegenstände sind Dionysossymbole; sie emporzuheben, ist eine rituelle Geste, die bedeutet, dass der Gott in diesen seinen Symbolen für die Gläubigen herbeigerufen wird. Das Emporheben des religiösen Symbols ist eine uralte heilige Geste, die die Epiphanie des Göttlichen herbeiführen soll. Sie ruft den Gott, dass er die emporgehobenen Kultgegenstände mit seiner Anwesenheit erfülle und so den Gläubigen gegenwärtig sei.

Ich verweise in diesem Zusammenhang auf das, was C.G. Jung in seiner Abhandlung »Das Wandlungssymbol in der Messe« zur Erhebung des Kelches sagt:

> *»Die Elevation als ein Schwebezustand bereitet die Spiritualisierung (Volatilisierung) des Weines vor. Darauf, nämlich auf die Vergeistigung, weist auch die damit verbundene Anrufung des Heiligen Geistes im ‚Veni sanctificator' deutlicher noch im mozarabischen Ritus, in dem es heißt: ‚Veni spiritus sanctificator.'«*

In der Arbeit *Von den Wurzeln des Bewusstseins* heißt es: »*Diese Anrufung dient offenbar der Erfüllung des Weines mit Heiligem Geist, denn letzterer zeugt, erfüllt und wandelt.*«[19]

Die rituellen Gesten der Kulte sind also archetypisches Gut; ihre Bedeutung ist überall die gleiche. Die Erhebung des dionysischen Weingefäßes ist die Anrufung des Geistes, der zeugen, erfüllen und wandeln möge. Der Geist ist jedoch hier ebenfalls in der archaisch finsteren Form der Schreckensmaske zugegen.

Um das zu begreifen, müssen wir uns dem Kult des Dionysos in Delphi zuwenden, wo die Idee der Epiphanie eine besondere Rolle spielte. Daher müssen wir nun auf diesen Kult etwas näher eingehen.

In Delphi waren die unvereinbaren Gegensätze Apoll – die Sommersonne – und Dionysos – die Wintersonne – versöhnt und wir werden später sehen, wie wichtig diese Versöhnung für die Bedeutung der fünften Szene ist.

Beide Götter wurden also im gleichen delphischen Tempel abwechselnd verehrt, Apoll im Sommer und Dionysos in der kalten Winterszeit. Der delphische Tempel enthielt auch das Grab des Dionysos in Form einer Stufe, die in den Fels geschlagen war. Er weilte dort vornehmlich als Totengeist. Als solcher trug er in Delphi auch den Namen Isodaites, d.h. er, der alle Menschen in gleicher Weise zu sich einlädt. Wie Apoll in Delphi das Leben war, so war Dionysos dort der Tod sowie der Totengott und man glaubte, so lange er im Grabe ruhe, weile er im unterirdischen Haus der Persephone unter den Seelen und Totengeistern, deren Herr er war.

In jedem zweiten Jahr jedoch wurde seine Wiederkehr in großen nächtlichen Festen gefeiert, worüber z.B. Erwin Rhode in seinem Buch *Psyche* mit viel Verständnis gesprochen hat[20]. Man weiß verhältnismäßig viel über diese Feiern, an denen auch stets eine Delegation athenischer Matronen teilnahm. Der Ablauf der Feier war ein sehr merkwürdiger. Eine Epiphanie des Dionysos in Form einer Audition bildete die Einleitung. Man hörte ihn als Stiergott unsichtbar brüllen oder sogenannte »Mimen des Schreckens« ließen durch nachgeahmtes Stiergebrüll die Anwesenheit des Unsichtbaren erspüren. Dadurch wurden die Frauen aufgerüttelt, in einer orgiastischen nächtlichen Prozession loszuziehen, um den Toten zu wecken und den Wiedererstandenen als kleines Kind in der Schwingenwiege heimzuführen. Während dieser Prozession hielten die Priester Apolls im Tempel zu Delphi einen Mysteriendienst ab.

Es ist demnach so, dass der Gott – im Stiergebrüll erscheinend – seine Wiederkehr selbst anzeigt und die Gläubigen weckt, damit sie ihn wecken. Wie wir schon in der Szene des Sakraments besprochen haben, dass der geopferte Gott gleichzeitig auch der Opfernde, der Verschlungene auch der Verschlingende ist, so ist es auch hier: Wenn der Gott auferweckt wird, ist er selbst der Auferweckende.

In der nächtlichen Prozession zu Delphi traten die Matronen als Ammen des Dionysos auf. Sie wurden als Thyaden, d.h. als die Stürmenden bezeichnet, denn in stürmischem Lauf eilten sie nun fackelschwingend hinaus, um den Gott zu holen. Der Ort seiner Wiederkehr war die korykische Höhle auf dem Parnass, dem Berg Apolls. Nach der Legende soll von Zeit zu Zeit von dieser Höhle ein goldenes Licht ausgegangen sein, das das Gottkind ankündigte. Ob die delphischen Thyaden wirklich bis zur korykischen Höhle hinaufstürmten, weiß man nicht. In Legenden wird beschrieben, wie sie fast besinnungslos, mit unglaublicher Schnelligkeit davonrannten, so dass einige sich verirrten und aus weiter Entfernung heimgeholt werden mussten.

Obwohl würdige Matronen die Rolle der Thyaden spielten, handelten sie doch in dionysischer Raserei. Sie waren des Gottes voll, und so von ihm erfüllt wurden sie zu seinen Ammen. Wieder haben wir hier den gleichen Vorgang wie zuvor: Der Gott wird ernährt und ist selbst der Nährende.

Die Apollopriester feierten, wie schon gesagt, während der Prozession der Frauen gemeinsam die Wiederkehr des Gottes, waren dabei aber unter sich; in Raserei fielen nur die Frauen. Zurückkehrend brachten die Frauen die Schwingenwiege mit dem Gottkind in den delphischen Tempel.

Das Symbol der Schwingenwiege ist in den orphischen Privatkulten Süditaliens zu einem wichtigen Attribut des Gottes geworden. Im Kult der Orphiker wurde die Schwingenwiege oder ein mit Früchten gefüllter Korb verwendet. Unter den Früchten war Dionysos als Phallus verborgen anwesend gedacht. Wir werden auf diese Symbolik bei der Betrachtung der siebten Szene ausführlich zu sprechen kommen.

Das Herannahen des Gottes als geisterhaft brüllender Stier bedeutet auch in anderen mythischen Zusammenhängen den Ruf des Gottes an die Frauen, sich aufzumachen und ihn in stürmischem Lauf zu suchen. Es gibt verschiedene Legenden, die zeigen, was den Frauen geschieht, wenn sie dem Ruf nicht folgen. So wird von den Töchtern des Minyas von Orchomenos und von den Töchtern des Proitos von Sikyon erzählt, sie hätten sich geweigert, dem dionysischen Geisterrufe zu folgen. Sie zogen es vor, im klaren apollinischen Tageslicht zu Hause zu bleiben.

Das Gleiche wird auch von der Mutter des Pentheus erzählt. Aber Dionysos strafte diese Frauen mit Wahnsinn, so dass sie blindwütend ihre eigenen Kinder töteten. Wenn die Frauen dem Ruf des Gottes gehorchten, führte er sie zu göttlich wilder Aktivität, aus der Leben hervorging. Wenn sie ihm widerstanden und passiv blieben, wurde er todbringend. Denn der göttliche Rufer ist ja der Tod – so wie Heraklit sagt: »Es ist Hades, dem sie rasen und Feste feiern.« Wenn er sich naht, gibt es nur ein Entweder-Oder: Entweder ersterben die Frauen selbst in heiliger Raserei dem Gott oder der Tod wird in ihrer Umgebung ausgestreut. Die Frauen können sich mit dem Herrn der Seelen und der Totengeister nur versöhnen, wenn sie sich seinem tödlichen Geisterhauch entgegenstürzen, damit durch sie seine warme, lebendige Schöpferkraft, der Phallus in der Wiege, wieder erstehen kann. Sie müssen sich aktiv zum Vehikel der Wandlung vom Tod zum Leben machen.

Entsprechend den alten Dionysosmythen und auch entsprechend den winterlichen Feiern in Delphi haben nur die Frauen diese Aufgabe, die Männer nicht. In Delphi feierten die Männer in der Verborgenheit des Apollontempels, während die Frauen davonstürzten. Etwas ganz Ähnliches scheint in der vierten und fünften Freskenszene des pompejianischen Einweihungssaales angedeutet zu sein. Die Bedeutung dieser beiden Szenen könnte man in Zusammenhang mit den kultischen und mythischen Vorbildern, die ich eben anführte, verstehen.

Als ich seinerzeit die Fresken in der Villa dei Misteri sah, hat die Bewegung der sogenannten »erschrockenen Frau« sofort einen großen Eindruck auf mich gemacht. Aber nicht der Schrecken, den sie ausdrückt, hat mich in erster Linie bestürzt, sondern die merkwürdige Art, wie sie aus dem Freskenrahmen herauszuspringen scheint. Es sieht so aus, als liefe sie nicht einfach zurück, sondern eher so, als setze sie eben an, um aus dem Fries hinunter, direkt in den Einweihungssaal zu springen. Ihr einer Fuß ist schon außerhalb des Rahmens gesetzt, so als ob sie durch den Saal davonlaufen wolle. Das Rätsel dieser stürmischen, erschrockenen Bewegung hat sich mir erst durch die delphischen Erweckungsfeiern gelöst.

Wenn man die vierte und fünfte Szene in diesem Zusammenhang betrachtet, stimmt alles überein. Die sogenannte »erschrockene Frau« ist die Initiandin, die wieder Menschengestalt erhalten hat. Das Liebes-Idyll der dritten Szene, in dem sie sich aufgelöst hatte, ist zu Ende, die passive Hingabe genügt nicht mehr. Die menschliche Gestalt, die sie wieder erlangt hat, zeigt, dass sie zu sich gekommen ist. Doch dann erschrickt sie, aber nicht über etwas, das sie erblickt, sondern es ist der Ruf der Schreckensmaske, der aus dem innersten Heiligtum dringt und sie in Schrecken versetzt. Sie wirft den Mantel um und schon ist sie zur Thyade geworden. Als dionysische Amme eilt sie davon, um das Gottkind zu wecken.

Dass diese Interpretation richtig ist, ergibt sich aus der Darstellung der folgenden siebten Szene, denn dort kommt die Thyade mit der Fackel zurück und bringt die Schwingenwiege mit dem Phallus darin. Die fünfte Szene, die sich zwischen dem Silen und den beiden Faunen abspielt, muss in diesem Fall dem Sinn nach eine Entsprechung zum gleichzeitigen Mysteriendienst der Apollonpriester im Tempel zu Delphi sein. Der Silen als zelebrierender Priester erhebt das Gefäß mit Wein, nachdem der andere junge Faun als »Mine des Schreckens« gewirkt hat. Oder war es nicht er? Hat der Silen selbst die Schrekkensmaske getragen? Hat er selbst die Initiandin mit einem furchtbaren Ruf aufgerüttelt? Das wissen wir nicht. Der junge Faun im Hintergrund jedenfalls ist mit einem so verschmitzten Gesichtsausdruck dargestellt, weil er weiß, dass nichts hinter der Maske ist.

Wie alle übrigen Einzelheiten der Fresken ist natürlich auch diese symbolisch zu verstehen. Die Maske, hinter der nichts ist, gehört zum Dionysoskult. Es gibt alte griechische Abbildungen, die das zeigen. Sie stellen einen rohen oder viereckig behauenen Stamm dar, der mit einem Gewand umhängt ist und unter einem Kapitell nur die bärtige Maske des Dionysos zeigt. Nichts ist dahinter.[21] Auch Vasenbilder sind erhalten, die religiöse Zeremonien von Frauen darstellen, über denen kein Bild des Gottes, sondern nur seine leere Maske hängt. Das Nichts hinter der Maske ist Dionysos als Totengeist, d.h. als die Verkörperung eines Geistes, der nicht unter der Sonne des Bewusstseins lebt, sondern in der Dunkelheit des Unbewussten. Es ist der Sanctificator unserer orphischen Fresken, Dionysos als Geist des Unbewussten, der erfüllt, zeugt und wandelt.

Es sei in diesem Zusammenhang auf die Schrift C.G. Jungs *Symbolik des Geistes*[22] hingewiesen. Sie enthält alchemistische Parallelen, die für uns von größtem Belang sind. Mercurius als Geist und Seele, also in seiner widersprüchlichen Doppelnatur, ist die unmittelbare Entsprechung zu Dionysos als Maske und Wein. Wenn wir uns bei dieser Gelegenheit daran erinnern, dass das göttliche Wasser, das in unseren Fresken im Silen der dritten Szene verkörpert erscheint, auch ein Symbol der alchemistischen Wandlungssubstanz ist, so haben wir eine weitere Entsprechung, die im oben genannten Aufsatz Jung's im gleichen Kapitel ebenfalls angeführt ist. Auf andere Entsprechungen werden wir später noch zu sprechen kommen. Jedenfalls dürfen wir hier grundsätzlich festhalten, dass der alchemistische Mercurius eine eindrucksvolle Parallele zum zentralen Symbol unserer Fresken darstellt, wenn wir auch nicht ausführlich darauf eingehen können, um den Rahmen dieser Darstellung nicht zu sprengen.

*

Es ist außerordentlich vielsagend, dass in den delphischen Feiern, wie auch auf unseren Fresken in der vierten und fünften Szene, das zentrale Symbol des Dionysos für Mann und Frau das gleiche ist, nämlich seine doppelte Epiphanie, dass sie aber auf ganz verschiedene Weise darauf reagieren. Die Frau wird zu stürmischem Lauf hingerissen, der Mann dagegen zieht sich in die Stille eines innersten Heiligtums zurück. Was dort geschieht, scheint in der Gestalt des vorderen jungen Fauns angedeutet zu sein, der sich zu dem Gefäß mit dem Wein hinunterbeugt.

Maiuri, dessen sorgfältige Schilderung durchwegs zuverlässig ist, hat bemerkt, dass dieser junge Faun nicht Wein trinkend dargestellt ist. Er schaut nur in das Gefäß hinein. Maiuri setzt dazu weiter auseinander, dass, so wie der junge Faun sich bücke, müsse er in dem Wein, den er betrachtet, die Spiegelung der dionysischen Maske erblicken und das sei der Grund, warum sein Gesicht Schrecken und Verblüffung ausdrücke. Diese Bemerkung ist auf jeden Fall sinnvoll, denn Wein und Maske symbolisieren das gleiche, nämlich Dionysos als Geist-Seele. Im Wein wie in der Maske erscheint er als der Lysios, der erfüllt, zeugt und wandelt, wie Jung sagt.

Wir wollen aber vorerst noch einmal die Frau der vierten Szene und ihre Bewegung betrachten. Dass sie sich den Mantel über den Kopf wirft, ist eine rituelle Geste der klassischen Mysterienkulte. A. Dietrich[23] sagte, dass die Verhüllung des Hauptes bei der Mysterienweihe den Tod des Einzuweihenden angedeutet habe. In den alten orphischen Mysterien wurde dieser Tod sehr drastisch dargestellt. Der Myste wurde bis zum Kopf in der Erde vergraben und dort gelassen, zuweilen bis er ohnmächtig war. Er konnte im Voraus nicht wissen, ob er überleben oder unerlöst in den Hades hinabsteigen würde. Alles stand in diesem Augenblick auf Messers Schneide.

So ist es wohl auch für die Initiandin unseres orphischen Kultes in diesem Augenblick gewesen. Wenn sie auch nicht vergraben wurde, so wurde sie doch aus dem ruhigen Gang der Einweihung plötzlich herausgerissen. Die idyllische dritte Szene hatte sie mit der Ahnung der Liebe und des Entzückens erfüllt. Dass das Entzücken so tödlich sein würde, konnte sie nicht voraussehen! Vielleicht, dass dieser Augenblick der Einweihung auch eine Art der Prüfung für die Initiandin in sich schloß. Sie wurde aufgerüttelt; und ob sie nun richtig handeln würde oder nicht, stand hier vielleicht für sie auf dem Spiel. In der Art, wie ihr der Silen der fünften Szene beobachtend nachschaut, liegt wirklich eine prüfende Strenge. Vielleicht kam es nun darauf an, ob die Initiandin der Stimme des Gottes folgen oder ob sie zurückgeschreckt davonlaufen und die Einweihung abbrechen würde.

Indem ich über diese Szene nachdachte, habe ich meiner Phantasie ein wenig die Zügel schießen lassen. Ich stellte mir vor, die Initiandin hätte in diesem Augenblick der Einweihung wirklich einen Sprung tun müssen, so wie es auf dem Fresko dargestellt ist – fort aus dem Saal und hinunter! Ich erinnerte mich, dass rings um die Vorderseite der Villa dei Misteri ein gewölbter Kellergang, der sogenannte *cryptoportico* herumläuft. Er ist 95 m lang, dunkel und von der Nordseite durch eine ganz schmale, steile Treppe zugänglich. Auf der Südseite führt eine fast ebenso schmale Treppe wieder herauf. Dieser Kellergang wird für einen Lagerraum für landwirtschaftliche Produkte gehalten, es wurden aber keine Spuren von solchen darin gefunden. Ich frage mich, ob vielleicht eine stürmische Prozession durch diesen langen, hallenden Gang gegangen sein könnte? Nun – dass dies hätte sein können, ist natürlich nur eine Phantasie von mir.

Dann dachte ich über die auffallende Tatsache nach, dass an der Stelle der Einweihung, der die vierte und fünfte Szene entspricht, das Erlebnis von Mann und Frau als ein grundverschiedenes dargestellt ist. Man könnte sagen: Hier trennen sich die Wege der Geschlechter. Das ist psychologisch bemerkenswert und für den modernen Menschen nicht selbstverständlich. Für uns ist es schon auffallend, wenn z.B. in den Kirchen Männer und Frauen in altväterischer Weise auf getrennten Bänken Platz nehmen. Sonst gibt es kaum mehr etwas Wichtiges, das Männern und Frauen nicht gemeinsam wäre. Was ein Mann tun und sein kann, das kann heute auch eine Frau tun und sein.

Die modernen Frauen haben das Programm der Emanzipation, das die römischen Frauen ihnen vor 2000 Jahren vorgelebt haben, mehr als erfüllt. Wie sie, nur mit etwas moderneren Waffen ausgerüstet, sitzen wir heute ebenfalls in unseren Bastionen und Elfenbeintürmen, sehr emanzipiert und uneinnehmbar.

Was die emanzipierten römischen Frauen betrifft, so gibt es im Neuen Testament zwei höchst merkwürdige Beispiele für sie, nämlich Herodias und Salome. Sie waren zwei einflußreiche große Damen, die einen heiligen Asketen kalten Herzens köpfen ließen, weil er das fragile Gleichgewicht in der römischen Provinz zu stören drohte – zwei Politikerinnen, denen das Menschliche und das Heilige gleichgültig waren. Das verstanden die armen Fischer in Palästina natürlich nicht, aber sie spürten den Hintergrund dieser Frauen: Die ruchlose Agressivität der Löwin und die berechnende Kälte der Schlange, die kein guter Hirte gezähmt und in ein Zicklein verwandelt hatte.

Darum lebte Herodias noch im Mittelalter als die legendäre Anführerin der Hexenflüge neben Diana weiter. Die Frau, die Schuld nur bei den anderen sah und rächte, war zur Nachfolgerin der Medea geworden. Das ist psychologisch absolut richtig gesehen und zeigt nur, wie wichtig es damals war, dass es Mysterienkulte gab, in denen wenigstens einzelne Frauen dem Vorbild der Ariadne nachfolgen, eigene Schuld erkennen und sich dem Wandlungstod in die Arme werfen konnten, damit der Geist sie als ein Löser erfülle.

Wie ist es aber vom psychologischen Standpunkt aus zu verstehen, dass sich nach der antiken Anschauung die Wege von Männern und Frauen trennen, wenn sich Dionysos als Geist des Unbewussten manifestiert? Warum müssen sich die Frauen in diesem Augenblick so vehement in tödliche Finsternis stürzen, während sich die Männer in die Stille eines Heiligtums zurückziehen? Mir scheint die Beantwortung dieser Frage wichtig zu sein, denn irgendwie betreffen sie das Wesen aller Männer und Frauen. Wir wollen daher versuchen, ob sich eine Antwort finden lässt, vor allem in Bezug auf die Frauen, die in unserem Mysterienkult ja im Vordergrund stehen.

Wir haben in Verbindung mit der Symbolik der dritten Szene über die geistige Entwicklung der Frau gesprochen und dabei das Phänomen der Animusmeinungen berührt. Daraus hatte sich zunächst ein einseitiges Bild der Frau ergeben, denn ihre andere Seite, ihre natürliche Weiblichkeit, haben wir noch gar nicht berührt. In ihrer Weiblichkeit sind alle Frauen durch das Prinzip des Eros – oder einfacher gesagt – durch das Prinzip der Bezogenheit bedingt. Sie machen Erfahrungen, indem sie die Fühlhörner der Bezogenheit ausstrecken und sich in Menschen und Dinge verwickeln lassen. Sie mischen sich in alles hinein, nicht, weil sie das wollen, sondern weil sie durch ihre natürliche Beziehungsfähigkeit von Anfang an in alles, was sie umgibt, hineingemischt und an alles gebunden sind. Ihr Leben fließt nicht nur in ihnen selbst; es fließt zwischen ihnen und allem, was ihnen nahesteht, denn das Wesen der Bezogenheit ist eine mondhafte Verschmelzung.

Frauen bauen auch darum die Mauern ihrer Meinungen so hoch um sich auf, weil sie dadurch eine gewisse Distanz gegenüber den Objekten zu bilden hoffen. Aber bloße Meinungen genügen dazu natürlich nicht, die Bezogenheit wird dadurch höchstens negativ. Das Phänomen der weiblichen Bezogenheit ist z.B. in der Geschichte von den drei Töchtern des Minyas symbolisiert, die dem tödlichen Ruf des Dionysos nicht folgen wollten. Nach der Sage zogen sie es vor, zu Hause an ihren Webstühlen zu bleiben; und das ist ein treffliches Bild für den Eros der Frau, der tausend Fäden der Bezogenheit spinnt und webt, um andere zu bestricken und zu verstricken, wobei jedoch am Ende die Frau selbst die Gefesselte ist.

Dem Prinzip der Bezogenheit gemäß zu leben, sich verwickeln zu lassen und andere einzuspinnen, ist für alle Frauen eine Naturnotwendigkeit und je ehrlicher sie dabei wären, desto günstiger würde es für sie sein. Sobald aber die Bozogenheit auf Kosten des eigenen Geistes geht, sobald eine Frau allzu rückhaltlos in ihre Umwelt überfließt – und irgendwo passiert das jeder Frau – entsteht eine heftige Gegenströmung in ihr. Wenn diese unbewusst bleibt, so zeigt sie sich in einer mänadischen Agressivität, die tötet, um Fäden zu zerschneiden und Fesseln zu sprengen.

In Mythen wird dies dadurch dargestellt, dass Frauen ihre eigenen »Kinder« töten. Manchmal sind es auch die realen Kinder, die durch die mänadische Agressivität der Frauen in ihrem Eigenleben gelähmt oder getötet werden. Kinder sind aber auch das Symbol für alles Leben, das die Frauen durch ihre natürliche Bezogenheit erschaffen haben und das unter Umständen plötzlich ihrer Agressivität zum Opfer fallen kann.

In ihrer Weiblichkeit sind Frauen intensiv dem Leben zugewandt. Hier brauchen sie immer wieder neues Leben und noch mehr Leben, weil einzig das Leben das ist, worauf man sich wirklich beziehen kann. Leben – das kann sowohl ein naturhaftes wie auch ein geistiges sein. Wir haben früher gesehen, wie intensiv sich Frauen auf geistige Phänomene beziehen können. In der dionysischen Epiphanie erscheint ihnen nun der Geist als Tod und als das fordernde Geisterreich. Gegenüber dem überbordenden Leben offenbart sich ihnen der Tod als der höhere Wert. Das Brüllen des geisterhaften Stiergottes kündet ihnen die furchtbare Notwendigkeit an, dass sie in sich selbst alle Bande zerreißen und alle Bezogenheiten in der Welt aufgeben müssen, um die Beziehung zum Geist und damit auch zu sich selbst zu finden.

Das müssen sie mit der größten Vehemenz tun. Sie müssen ihr Haupt verhüllen, wie die erschrockene Frau der Villa dei Misteri, und den Sprung in die Finsternis wagen. Es braucht diese Vehemenz, weil die Überwindung des weltlichen Eros wohl das schwerste Opfer für jede natürliche weibliche Frau bedeutet. Sie verliert so viel dabei, dass sie sich dann nur noch wie ein Gespenst unter Gespenstern vorkommen kann. In diesem Augenblick ihrer Entwicklung steht tatsächlich für jede innerlich lebendige Frau sehr viel auf dem Spiel. Es ist eine Prüfung, denn keine Frau kann im voraus wissen, ob sie das aus der Bezogenheit quellende Leben nun für immer verliert und sie gespenstisch bleibt oder nicht. Nur der Gott-Geist weiß es.

Für Männer scheint alles anders zu sein; ihnen manifestiert sich der göttliche Geist im Weine. Während die Frauen im kalten Anhauch des Geisterreiches auch ihre eigene Kälte erfahren müssen, die die Wärme der Bezogenheit kompensiert, erscheint den Männern Dionysos in diesem Augenblick im warmen, belebenden Duft des »besonderen Saftes«. In ihm kontempliert der erschrockene junge Faun die Maske, hinter der nichts ist. Wenn wir uns überlegen, wie der Wein auf Männer wirkt, so können wir vielleicht etwas von dieser Symbolik verstehen. Der Mann, der durch das Prinzip des Logos regiert wird, bleibt ursprünglich gegenüber den Dingen distanziert, so wie die Sonne die Erde von ferne beleuchtet. Um klar erkennen und unterscheiden zu können, braucht er diese Distanz. Darum haben gerade die betont männlichen Männer oft eine instinktive Scheu vor allen Verwicklungen und vermeiden sie, wo immer sie können.

Bezogenheit ist etwas, das einem natürlichen Mann eher passiert, als dass er sie sucht, und wenn es ihm passiert, so hofft er doch, es sei nichts von Bedeutung. Oftmals kann ein Mann seine natürliche Distanziertheit nur durch bewusste Treue zu dem überwinden, was ihn nun einmal umgibt, aber damit ist natürlich eine gewisse Anstrengung verbunden. Darum preist der Mann die Treue als höchste Tugend.

Das Gleiche predigt auch der Animus der Frau, denn in ihrer Sterblichkeit hat sie keine bewusste Treue nötig. Sie ist so wandelbar wie der Mond, einmal so und dann wieder anders auf alle irdischen Dinge bezogen. Darum wirft der Mann der Frau Flatterhaftigkeit als eine Untugend vor. Für den Mann ist Flatterhaftigkeit etwas sehr Negatives, weil er durch sie in seiner naturhaften Distanziertheit befangen bleibt. Ein anschauliches Beispiel hierfür ist die Gestalt des Don Juan.

Der Wein aber reißt die Männer aus der Distanz heraus und vermittelt ihnen das Erlebnis unmittelbarer Verbundenheit. Sie finden durch den Wein einen direkten Kontakt mit anderen Menschen und mit der Erde. Aus diesem Grunde waren im klassischen Altertum die Symposien der Männer so wichtig: Sie führten Freundschaften herbei und förderten die Liebesbeziehungen zwischen den älteren Männern und den Jünglingen, in denen zu jener Zeit der männliche Eros verankert war. Durch den Wein gelangt der Mann also zur Bezogenheit – das große Beispiel dafür ist Platos *Gastmahl*, wenn im lebensvollen Dialog alles in Fluss gerät: Wein, Weisheit, eingebungsvolles Gefühl, alles getragen von köstlicher Ausgelassenheit.

Wenn der Wein, wie es in unserem Kult der Fall zu sein scheint, nicht getrunken, sondern emporgehoben und kontempliert wird, damit sich der Gott-Geist offenbare, so ist dies ein Symbol dafür, dass einzig das religiöse Gefühl den Mann zur wirklichen Bezogenheit erziehen kann. Nur in dieser Sphäre kann er sich wirklich gefangen geben und sich bestricken lassen. Auch der platonische Sokrates konnte sich nur durch die geheimnisvoll ferne Priesterin Diotima über das Wesen des Eros belehren lassen.

Das Silbergefäß mit dem Wein ist ein weibliches Symbol, ähnlich dem heiligen Gral. Mit diesem geheimnisvoll durchpulsten Gefäß erscheint Dionysos dem Mann als Bauchseele, oder als Anima, und das ist auch für ihn eine erschreckende Erfahrung, denn nun wird der vordem Freie zum Knecht. Man könnte dazu die Definition anführen, die ein alchemistischer Meister über Mercurius als Seele gegeben hat, nämlich, er sei die »belebende Kraft, die gleichsam wie ein die Welt (zusammenhaltender) Leim ist und zwischen Geist und Körper die Mitte hält.«[24]

Während also die Frau bei der Annäherung des Gottesgeistes vom Leben in den Tod springt, gelangt der Mann aus dem Tod seiner sonnenhaften Distanziertheit in das Zwischenreich lebendiger Bezogenheit. Während sich die Frau distanziert, geht er »auf den Leim«. Für ihn steht dann ebenso viel auf dem Spiel wie für die Frau. Auch er kann nicht wissen, ob ihn die gespenstische Vision des Gefäßes, die ihn fesselt, zu wirklichem Leben führe oder ob das Leben nun für ihn gespenstisch werde. Nur die Gott-Seele weiß es.

Die Darstellung der vierten und fünften Freskenszene, die sich also vom delphischen Kult her deuten läßt, enthält jedoch auch einen Wink in Bezug auf zeitliche Zusammenhänge, der aus psychologischer Sicht beachtenswert erscheint. Wie wir sahen, halten die Männer ihren Mysteriendienst ab, während die Frauen ihrer orgiastischen Prozession nachgehen. Das heißt: Die Frauen stürzen zuerst davon und erst dann beginnen die Männer den Gottesdienst.

Das ist eine bedeutsame Einzelheit, die den wirklichen psychischen Verhältnissen genau entspricht, denn solange der Mann durch die intensive Bezogenheit der Frau gefesselt und an sie gebunden ist, wird er unwillkürlich in seiner natürlichen Distanziertheit festgehalten. So lange also eine Frau die Verbindende und Bindende ist, bleibt dem Mann notwendigerweise das Geschäft des Trennens und Entscheidens auferlegt. Er muss immer wieder die Initiative ergreifen, um alles Verwobene und Verwickelte auseinanderzuhalten. Darum hat er normalerweise in der Welt die aktive und entscheidende Stellung inne. Hier ist er in der Initiative.

Die Frau braucht diese Stellung in der Welt nicht; sie ist durch ihre Bezogenheit ohnehin an allem beteiligt. In Bezug auf die innere Entwicklung aber hat die Frau die Initiative. Hier muss sie zuerst aktiv sein; sie muss sich dem tödlichen Lösergeist in die Arme stürzen, damit er sie vom Zwang naturhafter Bezogenheit erlöse. Dann erst hat der Mann die Freiheit, sich seinem ureigensten Mysteriendienst zuzuwenden und die dionysische Fessel auf sich zu nehmen, die auch ihn erlöst.

Die gleichen psychischen Verhältnisse bestehen heute genauso wie zur römischen Kaiserzeit. Die moderne Frau ist ähnlich emanzipiert wie die römische. Daher gelangt gerade die kultivierte moderne Frau ebenso wie die römische im Laufe des Lebens an eine Grenze, an der das äußere Streben mit den Männern und im Sinn männlicher Initiative allen Wert verliert. Dann streift sie ein Todeshauch und nolens-volens wird sie dadurch von ihrer weltlich Bezogenheit ebenfalls emanzipiert. Das spüren sehr viele moderne Frauen instinktiv.

Es ist jedenfalls kein Zufall, dass heute vor allem Frauen an der psychologischen Arbeit interessiert sind, denn besonders für sie ist das Eingehen auf die Inhalte des Unbewussten wichtig. Auf diesem Gebiet müssen Frauen die Initiative ergreifen, sie müssen – jede so, wie es ihr eben zufällt – sich sogar darauf stürzen. Dann wird das Weltleben wenigstens im individuellen Bereich von Verwirrung und Verstrickung entlastet und Männer brauchen den köstlichen Saft des Weines nicht mehr zu trinken. Sie können in der Stille über die »belebende Kraft« im Gefäß meditieren, die gleichsam ein Leim »zwischen Körper und Geist« ist. Dadurch wird dann auch von der Seite der Männer her die übersteigerte Aktivität, die sich im Weltgeschehen verströmt, eingedämmt und wohltätig gelindert.

Das Brüllen des Geisterstieres ist ein Symbol, das auch für moderne Menschen nicht ohne Bedeutung ist. Unsere heutige Welt ist, wie wir alle wissen, von einem tödlichen Hauch erfüllt. Wir stehen unter dem Damoklesschwert des Massenmordes und der weltweiten Zerstörung. Vielleicht könnten wir das Brüllen des Todes, das von überall her auf uns eindringt, am ehesten ertragen, wenn wir es im Sinne eines dionysischen Weckrufes verstehen und einsehen würden, dass der auferweckende Geist auch die heutigen Menschen drängt, ihn zu wecken.

Wenn auch unsere heutige Ausdrucksweise nicht mehr die gleiche ist wie früher und wir heute Dionysos-Hades als den Geist des Unbewussten bezeichnen, so sind doch die zugrunde liegenden psychischen Tatsachen heute denen der hellenistischen Zeit zum mindesten ähnlich. Wie damals, so sehen auch wir heute nicht nur unseren persönlichen Besitz oder unser persönliches »Glück« von Zerstörung bedroht; wir sehen unsere ganze Kultur und unsere sämtlichen Bewusstseinswerte wanken. Wir erfahren immer wieder, wie sich alle Maßnahmen, die ersonnen werden, um das Unheil zu steuern, als nichtig erweisen. Der Todeshauch, der auch ein Weckruf sein könnte, kann nicht durch bewusste Erklügelungen beantwortet werden und darum wird ebenso wie in der Spätantike auch heute wieder »Dionysos-Hades« ein Löser.

*

Der Dionysos-Geist allein genügt allerdings nicht. Wie wir schon früher bemerkten, ist es sehr wichtig, dass in unserer Freskenfolge in der fünften Szene die Erinnerung an den delphischen Kult wachgerufen wird. Dort ist Dionysos nicht allein; er ist brüderlich von dem Herrn des delphischen Tempels, Apollon, aufgenommen worden. In Delphi hat das Dunkel im Licht einen festen Platz gefunden und die gegensätzlichen Mächte regieren dort wechselweise in einem kosmischen Rhythmus, dem auf der menschlichen Ebene der Wechsel vom Wachleben und Traumleben entspricht. Der delphische Apoll ist ein Symbol für das Bewusstsein, das das ihm Fremdeste, das Unbewusste, als gleichberechtigt akzeptiert, so dass eine rhythmische Wechselbeziehung zwischen beiden entsteht.

Wir brauchen darüber nicht viel zu sagen, denn wie das Zusammenwirken von Bewusstsein und Unbewusstem vor sich geht, das ist in der fünften Szene in der Gestalt des zweiten Silens symbolisiert. Die Art, wie der weinrote Mantel dessen sitzende Gestalt unten umhüllt, ist ein Bild dafür, wie dieser Silen fest im Unbewussten ruht. Der dionysische Geist umhegt und trägt ihn, so dass er dessen Wirkung hochhalten und weitergeben kann. Seine obere Körperhälfte aber ist ganz licht, ganz aufrecht und sein Gesicht trägt den Ausdruck prüfender Strenge. Das ist die apollinische Einstellung: die aufmerksame Beobachtung des Geschehens, die ordnende Prüfung, die sich auf alles erstreckt, ähnlich wie die Pfeile des fernhin treffenden Apolls alles erreichen. In diesem Sinn ist der Silen der fünften Szene ein Symbol unbeirrbarer, bewusster Treffsicherheit.

Vielleicht ist noch ein kleines Detail aus dem delphischen Mythenzusammenhang hier für uns von Wert. Dem Apoll und dem Dionysos waren in Delphi die neun Musen als Begleiterinnen zugeordnet, die für beide Götter den poetischen Chor bildeten. Das bedeutet, dass aus der Wechselwirkung von Bewusstsein und Unbewusstem eine neue Ausdrucksweise spontan entsteht, gewissermaßen eine neue Sprache, die nicht mehr nur den Gesetzen der Ratio gehorcht, sondern auch das Irrationale so formuliert, dass es bewusst erfasst werden kann.

In der Antike zeigte sich diese Ausdrucksweise in der Kunst, die aus dem Wechsel von Wachsein und Träumen entsteht. Kunst und Philosophie waren damals noch in einer Weise schöpferisch verwoben, wie wir es heute nur noch selten erleben, denn beide Disziplinen schlossen das Mythische natürlich und echt in sich ein. So sehen wir es z.B. in manchen platonischen Dialogen, in denen die intellektuelle Auseinandersetzung immer wieder ins Mythische übergeht und sich die ordnende Prüfung und die Vision immer wieder ablösen, so dass für den Leser der Eindruck des Musischen entsteht. Plato strebte zwar immer das Schöne an, aber seine Dialoge sind sehr häufig weniger »schön« als erstaunlich, oft auch schwierig, weil sie gerade dort, wo sie Wesentliches aussagen, über das Ästhetische, das ja nur ein Bewusstseinsprinzip ist, weit hinausgehen. Gerade darum jedoch war Plato für viele der folgenden Generationen ein Wegweiser, weil in seinen Werken das Apollinische und das Dionysische in deutlicher Wechselwirkung stehen.

Nach all diesen Betrachtungen kommen wir zu dem Schluss, dass auf dem Individuationsweg, für den die Freskenfolge der Villa dei Misteri ein klassisches Beispiel ist, ein Augenblick kommt, in dem sich das Bewusstsein aktiv am Geschehen beteiligen muss. Es ist der Augenblick der Epiphanie, der, vom Menschen aus gesehen, eine Wiedererweckung des Göttlichen bedeutet. Das Selbst erscheint dabei als eine geistige Wirklichkeit, der der Mensch mit den höchsten ihm gegebenen Bewusstseinskräften begegnen muss. Repräsentant hierfür ist in der fünften Freskenszene der zweite Silen. Er verkörpert die Abfolge der gesamten weiteren Entwicklung. Er lebt das vor, was die Initiandin im Weitergehen nachleben muss. Was diese Abfolge beinhaltet, sehen wir in den folgenden Freskenszenen.

Das wirft die Frage auf, ob in der Praxis des Kultes eine übergeordnete Persönlichkeit oder ein »Manaträger« diese Abfolge für die Mysten realiter dargestellt habe. Psychologisch gesprochen wäre das möglich, wenn wir auch nichts darüber wissen. Vielleicht brauchte die Initiandin des pompejanischen Privatkultes sogar einen Wächter, der sie aus der idyllischen Verzücktheit der dritten Szene im rechten Augenblick mit einem inspirierten »Schreckensruf« zur eigenen Wirklichkeit zurückrief und sie auf ihren Weg schickte. Vielleicht hatte sie einen »Seelenführer« nötig, der ihr mit aufmerksamer Strenge nachblickte, wenn sie davonstürmte, und der dabei dachte: An dem, was du tust, wird sich erweisen, wer du bist.

Wir können das, wie gesagt, nicht wissen. Wir wissen nur, dass zu allen Zeiten viele Frauen einen Seelenführer brauchten. Ich will dafür nur ein uns nicht allzu fern liegendes Beispiel geben. Die katholische Kirche hatte in Deutschland in der Zeit nach der Inquisition diese Notwendigkeit deutlich erkannt, als sie sich zur Zeit der sogenannten Gegenreformation die Herzen der Menschen aufs Neue erobern musste. Einer der großen sokratischen Lehrer war in jener Zeit Franz von Sales[25], ein Seelenführer voll christlicher Liebe und unerbittlicher Strenge.[26]

Dieser kurze Hinweis kann uns zeigen, wie Ideen in Bezug auf die psychischen Notwendigkeiten der Frau, die schon zur Zeit des klassischen Altertums konzipiert waren, sich nach der Zeit der Renaissance auch in der christlichen Wirklichkeit entfalteten. Sie sind auch seither nicht untergegangen, sondern haben im Gegenteil in unserer Zeit wieder neue Formen gefunden, nämlich in der ärztlichen Seelenführung. Ein Beispiel dafür gibt C. G. Jungs *Psychologie der Übertragung*.

Diese neuen Formen entspringen den inneren Notwendigkeiten vieler moderner Menschen, denn je mehr die Natur, sozusagen die weibliche Seite Gottes, im Laufe der Neuzeit durch den Aufschwung der Naturwissenschaften entgöttert wurde, desto mehr verlor das Weltleben an innerer Bedeutsamkeit und wurde auch das religiöse Erleben abgespalten und konnte sich oftmals nur noch im Traum manifestieren.

Der Traum ist für uns moderne Menschen die vornehmste »dionysische« Manifestation – und die »apollinische« Prüfung«, die dazu gehört, geht aus der wissenschaftlichen Einstellung hervor und ist die methodische Traumanalyse.

*

Bevor wir weitergehen, wollen wir dies wenigstens an einem kurzen modernen Traumbeispiel belegen, in dem in etwas abgewandelter Form Motive erscheinen, denen wir bisher begegnet sind. Hier der Traum aus den Tagebüchern der Gräfin Reventlow[27], einer Schriftstellerin leichten Genres, die von 1871 bis 1918 lebte:

»23. September 1904, Blödsinnige Träume: Will nachmittags um 4 Uhr in den Urwald gehen mit einem Buch unter dem Arm und sage zu jemandem: Jetzt ist die Affenstunde, jetzt kann man träumen. Dachte dabei, dass sich in dieser Stunde Mensch und Affe einander näherten.«

Franziska von Reventlow war eine grenzenlos ausgelassene Frau, die im Taumel der Jahrhundertwende, die so heiter schien und innerlich so triste war, ihr Leben ruinierte. Als Tochter eines alten norddeutschen Adelsgeschlechtes hatte sie jung unter der Fuchtel strenger Vaterfiguren zu leiden gehabt. Sie hätte wohl eine »Livia« werden sollen, aber aus Protest wurde sie eine ausschweifende »Julia«. Als Kompensation hierzu ist ihr Traum nicht orgiastisch, sondern ruhig und ganz vernünftig. Wenn sie eingangs von »blödsinnigen Träumen« spricht, so zeigt dies nur, dass sie, wie unzählige andere auch, die Oberflächlichkeit des eigenen Lebens auf das Traumleben projizierte, was man leicht tun kann, solange man Träumen gegenüber nicht wissenschaftlich sachlich ist. Die Sprache der Träume ist eben völlig irrational und das Bewusstsein muss schon etwas dazu tun, um die Sinnzusammenhänge aufzuspüren.

Der Traum beginnt mit einer bestimmten Zeitangabe: vier Uhr nachmittags, das ist die Zeit, in den Urwald zu gehen. Dieses »Jetzt ist es an der Zeit« entspricht dem Ruf der dionysischen Schreckensmaske und hat auch hier zur Folge, dass sich die Träumerin auf den Weg macht. Vier ist die Zahl der psychischen Ganzheit, wie vielerorts, z.B. auch in *Psychologie und Alchemie* schlüssig bewiesen wird. Nachmittags um Vier, wenn es Abend werden will, das ist für den Menschen die Zeit nach der Lebenswende, wenn er ganz werden muss, damit er dem Tod seiner Seele entgehen kann.

Wie die delphischen Thyaden in die Wälder des Parnass liefen, so läuft die moderne Träumerin nun auch in den Wald. Aber für sie handelt es sich um keine bekannte Gegend; es ist der jungfräuliche Urwald, in den sie geht. Sie geht ins Unbekannte, Unbetretene, denn für sie gibt es keine Mysterienkulte wie in der Antike. In ihr ist das

Unbewusste ungepflegt und es schließt auch ihre eigenen, verwilderten Schattenseiten in sich ein.

Die Träumerin geht mit einem Buch, so, wie die Priesterinnen in den ersten Szenen der orphischen Fresken eine Schriftrolle bei sich tragen. Das heißt, das Bewusstsein muss sich an der Unternehmung beteiligen, damit die Träumerin immer erkennt, wo sie gerade ist, und nicht vom Urwald verschlungen wird.

Die Träumerin sagt: »Jetzt ist die Affenstunde, jetzt kann man träumen«. Damit drückt sie den Ruf, der an sie ergangen ist, deutlich aus. Was sie »blödsinnige Träume« nennt, ist es gerade, was sie ganz machen, d.h. der Selbstwerdung zuführen könnte. Aber es ist kein Gott, sondern der Affe, der sich dieser modernen Frau dabei annähert. Diese Bildhaftigkeit erinnert an die Symbolik eines modernen Traums aus *Psychologie und Alchemie*, worin ebenfalls ein Affe vorkommt, ein Gibbon, der, wie dieser Traum sagt, »rekonstruiert« werden soll. Jung sagt dazu im Kommentar, die Rekonstruktion des Affen heiße wohl nichts anderes, als dass der Anthropoide, die archaische Tatsache »Mensch«, wiederhergestellt werden soll. Der Weg führe also offenkundig nicht ins Reich der Götter und ewigen Ideen hinauf, sondern hinunter in die göttliche Natur, in die tierische Instinktgrundlage des Menschen. Es handle sich also um ein antik ausgedrückt – dionysisches Mysterium (bei Jung unterstrichen).

Das Gleiche ist auch im Traum der Reventlow der Fall. Es könnte verwunderlich erscheinen, dass eine Frau, die bloß ihren Trieben fröhnte, durch den Traum nicht hinauf-, sondern hinuntergeführt wird, um zu sich zu kommen. Aber was war ihre Zügellosigkeit? Sie bedeutete keineswegs ein dionysisches Leben. Franziska von Reventlow war nur die Gefangene der titanischen Gier, die zu ihrer Zeit im Widerstreit mit dem olympischen Bewusstsein lag. Sie war ein Massenpartikel, das mit tausend anderen die Gier ihrer Zeit darstellte. Dass sie diese Rolle spielte, war der Fluch dieser offenbar sehr eindrucksvollen Frau und dem konnte sie nicht nach oben, sondern nur durch einen »thyadischen« Lauf in den Urwald entgehen. Sie musste die unberührte Reinheit der Natur der Seele finden, um die Unverdorbenheit des archaischen Menschen, der nicht nur triebhaft, sondern auch voll von frommer Ehrerbietung ist, in sich zu finden. Das ist in ihrem Traum durch das Symbol des Affen dargestellt. Es ist das archaische, infantil Zurückgebliebene in ihr selbst. In dieser Hinsicht könnte man diesen Traum als eine positive Schattenseite bezeichnen, die das negativ gefärbte Bewusstsein kompensiert.

Der Affe bedeutet aber noch mehr, was Jung in seinem Kommentar zum Traum von der Rekonstruktion des Gibbons ebenfalls anführt. Ich kann hier die Zusammenhänge seiner Gedanken natürlich nicht alle wiedergeben und greife nur einiges für uns Wichtige heraus. So sagt er, dass die Rückidentifikation mit den menschlichen und tierischen Ahnen, die im Traum der Reventlow der Annäherung von Mensch und Affe entspricht, psychologisch eine Integration des Unbewussten, recht eigentlich ein Erneuerungsbad in der Lebensquelle bedeute. Man sei wieder unbewusst wie im Schlafe, in der Trunkenheit und im Tode; daher der Inkubationsschlaf, die dionysische Weihe und der rituelle Tod in der Initiation.

Dann spricht Jung über den bedeutsamsten Aspekt des Affensymbols. Er sagt, dass der hellenistische Hermes Trismegistos sich einerseits vom alt-ägyptischen Thot herleite und andererseits dem mittelalterlichen Mercurius zu Gevatter stehe. Jung fährt fort:

> *»Das Attribut des Thot war der Hundsaffe, der auch als Affe dargestellt wurde. Durch die zahllosen Editionen des Totenbuches blieb diese Auffassung der unmittelbaren Anschauung bis in die spätesten Zeiten erhalten. In der Alchemie, deren Texte bis auf wenige Ausnahmen der christlichen Aera angehören, ist die uralte Verbindung von Thot-Hermes mit dem Affen allerdings verschwunden, (sie war anstößig, weil der Affe als simia Dei ein Tier des Teufels war) obwohl sie noch bis in die römische Kaiserzeit bestand.«*

Der Affe ist demnach die Tierform des Thot-Hermes, des Führers der Seelen durch die Unterwelt, und verkörperte, wie aus dem alchemistischen Mercurius deutlich wird, das Prinzip und zugleich das Ziel der Wandlung, d. h. die Ganzwerdung.

Wenn wir diese Ausführungen auf den Traum der Reventlow anwenden, ließe sich sagen, dass der Affe in diesem Traum einerseits als Symbol für Wesenselemente der Träumerin erscheint, die archaisch geblieben sind und deren Integration mit Hilfe des Träumens sie zur Ganzheit führen könnte, anderseits aber der Affe auch der Psychopompos ist, eine archetypische Gestalt, die sich auf dem Weg durch den Urwald des Unbewussten dem Bewusstsein nähert, um es zu führen. Diesem Aspekt des Affen entspricht der orphische Silen, der in der dritten Szene unserer Freskenfolge mit seiner starken Fettleibigkeit ebenfalls eine sehr archaische Seite hat.

Das Dämonische ist dann in der fünften Szene dadurch dargestellt, dass dort die geisterhafte Schreckensmaske, die Tod und Entsetzen verspricht, um zur Wandlung zu führen, über den Silen gehalten wird. Man kann von dem orphischen Silen wie von den Affensymbolen unserer modernen Träumer das Gleiche sagen, was Jung in seinem Kommentar zum Traum von der Rekonstruktion des Gibbons zum Schluß hinzufügte:

»Es gehört zum Wesen (des Wandlungsprinzips), dass es einerseits das durchaus Billige, ja Verächtliche ist (wie ein Affe oder ein trunkener Silen) … anderseits aber auch das Wertvolle, ja sogar das Göttliche selbst bedeutet. Die Wandlung führt eben vom Tiefsten zum Höchsten, vom tierisch archaisch Infantilen bis zum mystischen *homo maximus*.«

Die moderne Traumparallele zeigt, wie trotz der zeitlich bedingten Unterschiedlichkeit der Bilder doch der zugrundeliegende Vorgang des Wandlungsprozesses zeitlos ist. Immer wieder setzt sich dieser durch als der Versuch, das abgetrennte Dunkel des Unbewussten dem Licht des Bewusstseins anzunähern und die Vereinigung dieser Urgegensätze herbeizuführen.

Damit kehren wir wieder zur Freskenfolge der Villa dei Misteri zurück, wo diese Vereinigung der Gegensätze in der nächsten, d.h. der sechsten Szene dargestellt ist.

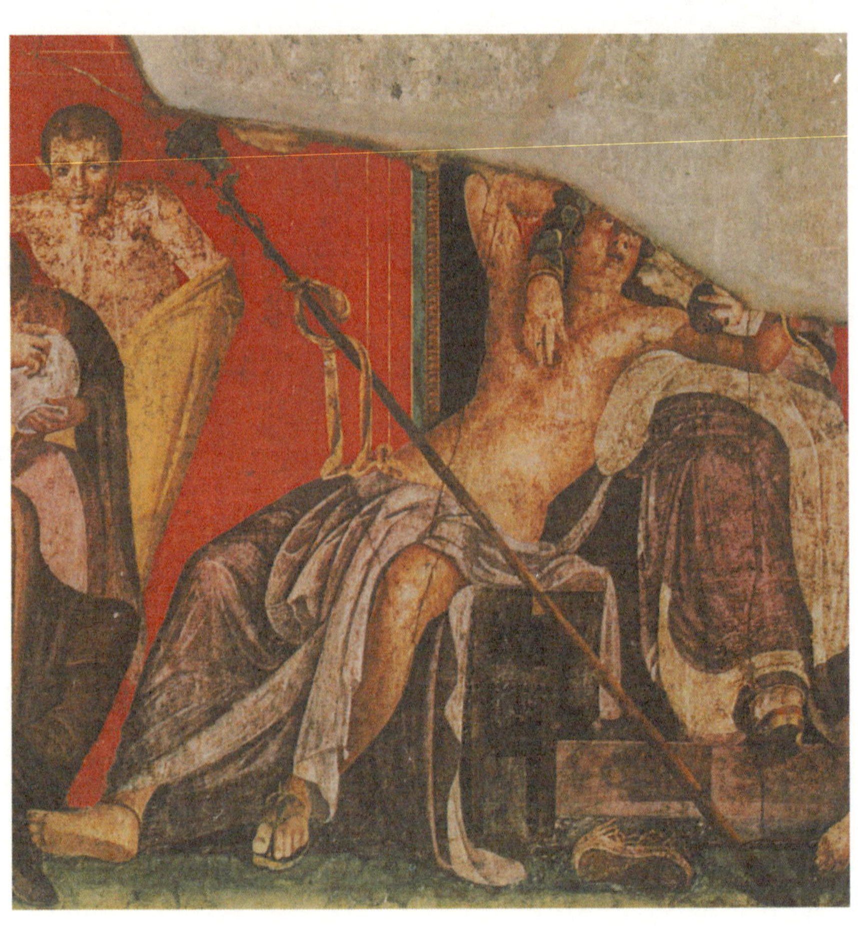

Sechste Szene

In der Mitte der Rückwand des Einweihungssaales ist die *conjunctio* von Dionysos und Ariadne dargestellt. Leider ist der obere Teil stark zerstört. Nur die Gestalt des Dionysos ist fast ganz erhalten. Man sieht, wie er, der Löser, sich gelöst als ein Bild des Friedens an die Geliebte lehnt. Ariadne ist neben ihm als Persephone inthronisiert und erhöht. Ihre obere Körperhälfte ist der Zerstörung zum Opfer gefallen. Eindrucksvoll bleibt die schöne rechte Hand, die ruhig auf der Schulter des Geliebten liegt, und auch die stille Würde, mit der sie ihm die Rast an ihrer Seite gewährt.

Was dieses zentrale Bild bedeutet, haben wir in kurzen Zügen schon in der Einleitung zu zeigen versucht. Hier – im Zusammenhang mit der Freskenfolge – können und dürfen wir davon nicht sprechen, weil wir nicht wissen, ob und wie etwas diesem Bild Entsprechendes den Mysten während des Einweihungsweges vor Augen geführt worden ist. Irgendwelche Vermutungen hierüber scheinen nutzlos zu sein und dies um so mehr, als der Wink, den wir den Fresken selbst entnehmen können, die Richtung weist, die einen grundsätzlichen Zusammenhang vermittelt. Mir wenigstens erscheint es als vielsagend, dass die menschlichen und legendären Gestalten, die bisher die Bühne eingenommen haben, hier völlig verschwunden sind.

Der »Wald« hat offenbar die davoneilende Initiandin verschlungen und vor dem priesterlichen Silen und seinen Begleitern schließt sich die Pforte des inneren Heiligtums. Ihr Verschwinden deutet auf eine Katabasis, einen Gang in die Tiefe der Unterwelt, wie er zur dramatischen Handlung vieler antiker Mysterienkulte gehörte. Die Mysten wanderten dabei durch eine schreckensvolle Finsternis, um in der Tiefe das Licht der Erneuerung zu finden. Für die Orphiker war die Katabasis das Vorbild des Weges, den der Eingeweihte nach dem Körpertod erneut zu gehen hatte. Er lernte diesen Weg schon während seines Lebens durch die Symbolhandlung des Kultes kennen, damit er ihn nach seinem Abscheiden sicher finden würde und sicher wissen konnte, wie Gott, der alle Menschen gleich zu sich einlädt, seiner Seele erreichbar sein werde.

Für den Orphiker war die Unterwelt immer das Ziel der Seele. Seine Vision fand die Seligkeit auf den grünen Wiesen am Wasser des Lebens, wo in göttlichem Dämmerschein die unterirdische Sonne des Dionysos mit dem Mond der Ariadne vereinigt war.

Eine Vorahnung dieser Seligkeit ging dem Initianden in der Katabasis des Mysterienkultes auf und zwar gerade dann, wenn er auf dem Einweihungswege die tiefste Stelle und damit auch den Wendepunkt erreichte, von wo aus ein neuer Aufstieg möglich war.

Das ist alles, was wir hier zur Katabasis im Kult der Villa dei Misteri sagen können, denn es wird durch die folgenden Darstellungen der Fresken bestätigt.

Siebte Szene

Hier wird angedeutet, dass die Initiandin unseres Kultes während einer Katabasis in irgendeiner Form »unten durch« musste, denn als erste Gestalt der siebten Szene kommt sie erschöpft von unten wieder herauf. Zwischen der Gestalt der sogenannten erschrockenen Frau der vierten und der knienden Initiandin der siebten Szene besteht ein deutlicher Zusammenhang. Die erschrockene Frau hatte einen Sprung getan und war zur Thyade geworden.

Die kniende Frau der siebten Szene ist wieder die Thyade, die, von unten kommend, das göttliche Kind in der Form eines Phallus in der Schwingenwiege ins Tempelheiligtum bringt. Sie ist so erschöpft, so außer sich dargestellt, dass die Anspielung auf einen wilden Lauf in weite Ferne gar nicht zu übersehen ist. Nur hat sie ihr Lauf offenbar nicht auf eine Höhe, wie den Parnass, sondern in eine Katabasis, also unten durch geführt. Dieses »unten durch müssen« ist dem Bewusstseinsgrad der römischen Frau angepasst. Ihr Bewusstsein war verhältnismäßig hoch entwickelt und um diese Höhe zu kompensieren, brauchte sie eine entsprechende Tiefe. Dort aber fand sie das gleiche mystische Licht des Gottkindes wie die delphischen Frauen in der Höhle auf dem Parnass.

Bevor wir die siebte Szene besprechen, sei erwähnt, dass in der Geschichte des Orpheus, des legendären Gründers des orphischen Kultes, das Motiv der Katabasis auch enthalten ist. Es findet sich in der allbekannten Erzählung, nach der Orpheus[28] seine geliebte Gattin Eurydike durch den Tod verliert. Hades hat sie dem Gatten entrissen und so macht sich Orpheus auf den Weg in die Unterwelt, um sie vom Todesgott zurückzuerbitten. Sein Gesang erweicht die unerbittliche Strenge des Schattenbeherrschers. Er gewährt Orpheus, Eurydike in die Welt zurückzuführen, aber unter der Bedingung, dass er auf seinem Weg nie zurück, sondern immer nur vorwärts blicke.

Auf die weiteren Ausschmückungen dieser Legende brauchen wir hier nicht einzugehen. Sie kann uns eine Bedeutung davon vermitteln, was den Männern geschieht, nachdem sich die Pforte des Tempelheiligtums hinter ihnen geschlossen hat. Sie müssen auch eine Katabasis erleben. Eurydike ist ein Symbol für das Weibliche im Mann, d.h. für das Seelenbild, mit dem er im Laufe der Bewusstseinsentwicklung die Verbindung verliert. Es fällt dem Unbewussten anheim und der Mann muss in die Unterwelt hinabsteigen, wenn er es sich zurückerobern und ganz werden will. Aber zurückschauen darf er dabei nicht. Sein Auge muss unverwandt auf das zukünftige Ziel gerichtet sein.

Dem Mann wird also in der Katabasis die gleiche Aufgabe gegeben, die die Frau bereits bei Beginn der Katabasis vor sich hat, nämlich, dass sie in die Finsternis hinausstürzen und nicht nach rückwärts davonlaufen darf. Der Mann und die Frau können also beide die Verfinsterung, die der Wandlung vorausgeht, nicht überstehen, wenn sie nicht unbeirrbar des Zieles, das heißt der Wiedergeburt, eingedenk sind. Beide kennen dieses Ziel, denn es ist ihnen von Anfang an im Mythos von Dionysos und Ariadne als göttliches Vorbild mitgegeben. Dieses Vorbild, das archetypische Bild der *conjunctio*, die die Vereinigung der Urgegensätze darstellt, steht demnach wegweisend über Mann und Frau, wenn sie die Katabasis erleben.

Nun wenden wir uns der siebten Szene und damit dem weiteren Einweihungsweg der orphischen Initiandin unseres Kultes zu. Ich beschreibe diese Szene zunächst möglichst genau. Sie füllt die rechte Seite der hinteren Schmalwand des Einweihungssaales aus, befindet sich also rechts neben dem Bild von Dionysos und Ariadne. Da sich die siebte Szene noch auf der Schmalwand des Saales befindet, stellt sie, wie die fünfte Szene, eine Handlung in einem innersten Heiligtum dar. Hier handelt es sich um ein Ritual, das den Frauen allein vorbehalten ist. Die Freskenfolge der Villa dei Misteri enthält von der siebten Szene an keine männlichen Gestalten mehr. Die Frauen sind nun ganz unter sich in einer Mysterienintimität, auf die kein fremdes Auge fallen darf.

In diese Intimität kehrt atemlos, erschöpft und mit aufgerissenen Augen die Initiandin mit der dionysischen Schwingenwiege zurück. Sie hat die Wiege vor sich hingestellt, richtet sich auf den Knien auf und streckt die Arme aus, um die Hülle zu lüften, die den göttlichen Phallus darin bedeckt. Ihr Haar wird von einer Mütze zusammengehalten. Über der linken Schulter trägt sie noch die große, schwere Fackel, die sie offenbar – ähnlich wie die delphischen Thyaden – bei der nächtlichen Prozession benutzte und die nun erloschen ist.

Manche Betrachter der Fresken wundern sich, wie schlecht diese kniende Frau im Vergleich zu allen anderen Gestalten des Einweihungsaales gezeichnet ist. Sie erscheint tatsächlich merkwürdig leblos, puppenhaft steif und besonders die Arme scheinen dem Maler misslungen zu sein. Das einzig Lebendige an ihr ist das übergroße, leidend blickende Auge. Man könnte daher sagen, sie sei ganz Auge. In diesem Sinn könnte Absicht in der seltsamen Darstellung dieses Frauenbildes liegen. Vielleicht will sie uns die Initiandin als ganz in einer übermenschlichen Vision gefangen zeigen – einer Vision, die ihr Auge kaum zu fassen vermag.

Das Auge des Menschen ist der Ausdruck seiner Seele. Die antike philosophische Psychologie lehrte, dass der Mensch außer dem Körperauge auch ein Seelenauge besitze. So, wie ihn das Körperauge mit der Sonne verbinde, so verbinde ihn in ekstatischer Schau das Seelenauge mit dem Göttlichen. Die kniende Frau wäre demnach eine ekstatische Seherin. Daher könnten wir vielleicht auch sagen, sie sei ganz Seele – so sehr Seele, dass sie darüber ihren Körper beinahe vergessen habe und ihre Arme nicht mehr natürlich bewegen könne. Die malerische Darstellung entspricht einer solchen Interpretation.

Bevor wir aber darauf eingehen, was das bedeuten könnte, wollen wir die siebte Szene zuerst zu Ende beschreiben. Hinter der knienden Frau sehen wir zwei weitere, leider stark zerstörte Frauengestalten. Das Einzige, was sich von ihnen noch erkennen lässt, ist die Gestalt hinter der Knienden, die sich wie erschrocken nach rückwärts bewegt, während die vordere sich auf die Kniende zubewegt und einen kleinen flachen Korb über deren Kopf hält. Gegenüber der knienden Frau auf der anderen Seite der Schwingenwiege finden wir dann die wohl eindrucksvollste Gestalt der ganzen Freskenfolge: ein dunkel geflügelter Engel, der sich in schnellem Flug von oben herabsenkt.

Seine Haare fliegen und die Falten seines Mantels bauschen sich um seine Knie. Seine Füße sind mit dem dionysischen Kothurn bekleidet, – sie scheinen eben den Boden zu berühren. Aber schon ist der Engel in voller Aktion. Die linke Hand hebt er in lebhafter Abwehr gegen die kniende Frau, seine rechte Hand umschließt eine lange geschmeidige Gerte und der hoch erhobene Arm holt eben zu einem kräftigen Schlage aus, was meist als »Flagellation« bezeichnet wird.

Der Blick des Engels geht über die siebte Szene hinaus in die Richtung, in die er zuschlagen wird. Das Objekt seiner Züchtigung ist aber nicht mehr an der Schmalwand des Saales zu sehen. Es ist die erste Gestalt der achten Szene, mit der im rechten Winkel zur Schmalwand – und gewissermaßen vor dieser – die äußere Längswand mit dem Fenster beginnt.

Wie man sieht, ist diese Szene geheimnisvoll bewegt und außerordentlich kompliziert. Wir wollen versuchen, die verschiedenen Gestalten der siebten Szene, so wie sie nacheinander erscheinen, gesondert zu besprechen. Wir begeben uns damit gewissermaßen in einen »Urwald« hinein. Weil die Engelsgestalt dieser Szene eine merkwürdige einseitige Deutung erfuhr – wir sprachen bereits davon, dass als Parallele sogar die römischen Lupercalien herangezogen wurden – hat sich eine starre Verfälschung ergeben, die, wie ich hervorheben möchte, Maiuri nicht teilt. Er erwähnt sie nur, wie er eben alles beibringt, was über die Freskenfolge der Villa dei Misteri publiziert worden ist. Hier aber werden wir gezwungen, einen ganz neuen Vorstoß zu wagen und werden sehr darauf achten müssen, ganz unvoreingenommen zu bleiben, um die ganze Darstellung rein vom psychologischen Standpunkt aus zu betrachten.

Beginnen wir also mit der seltsamen, knienden Seherin. Charakteristisch für diese Gestalt ist nicht nur ihre fast leblose Erschöpfung, sondern auch die erloschene Fackel, die sie trägt. Man könnte diese Fackel ebenfalls für schlecht gezeichnet ha1ten. Sie ist plump und viel zu lang und schwer im Verhältnis zu der eher zierlichen Gestalt der Knienden. Daher erscheint sie als ein eher unhandliches Instrument, um damit einen Lauf durch die Finsternis zu wagen. Die Frau muss schwer an der Fackel tragen und man fragt sich, ob das wohl der Grund sei, dass sie so niedergedrückt und erschöpft erscheint. Nun – soviel ist sicher: Die kniende Frau ist eine fackelschwingende Thyade, die eben heimgekehrt ist. Aber wie sie immer noch schwer an der erloschenen Fackel trägt, hat doch etwas sehr Ungewöhnliches, das kein Zufall sein kann, sondern symbolisch gemeint sein muss.

Als ich darüber nachdachte, fiel mir ein: Die Fackel ist auch ein Pfahl und die Frau trägt sie hier wie ein Kreuz. Das ist ein aufregender Gedanke. Der Pfahl hat im klassischen Altertum oft das Kreuz als Instrument der Todesstrafe ersetzt und die ältere Form der Kreuzigung war das Pfählen. In gnostizistischen Schriften z.B. steht oft das Wort Pfahl für das, was wir heute mit Kreuz übersetzen. Der Fackel-Pfahl auf der Schulter der knienden Frau scheint demnach das Symbol eines Martyriums zu sein. Die Frau trägt ein Kreuz, fast ein Christuskreuz, das aber während der Katabasis zugleich ihre Stütze und Leuchte gewesen war. Das ist eine Symbolik, vor der man erschrecken könnte, denn sie würde zeigen, dass es für eine Frau ein wahres Martyrium bedeute, die Amme und Weckerin des Dionysos zu sein.

Als ich zu dieser Folgerung kam, erschien sie mir sofort völlig absurd, denn der Vergleich einer orphischen Initiandin mit Christus kann von keinem Standpunkt aus angenommen werden. Der Vergleich muss also gänzlich fehl am Platze sein oder – es muss bei der Freskendarstellung etwas noch nicht richtig verstanden worden sein. Das Motiv der Kreuztragung erscheint aber auf der bildlichen Darstellung allzu zwingend, als dass man darüber hinwegsehen könnte. Wir stehen hier also vor einer Perplexität, die sich nicht lösen lässt. Daher sei vorerst alles, was sich über die Gestalt der knienden Initiandin aussagen lässt, nochmals objektiv festgehalten:

Die Frau ist erschöpft; sie ist angesichts der großen Vision außer sich geraten. Die Verbindung von Körper und Seele hat sie dadurch beinahe verloren und sie ist nur noch Seele. Sie trägt eine erloschene Fackel, die in der Katabasis ihre Leuchte war und nun zu einem Marterinstrument geworden ist, fast wie ein Kreuz. Das ist eine Symbolik, die zunächst unverständlich erscheint. Wir können sie nur festhalten und von hier aus weitergehen.

Das Nächstliegende ist nun die Frage: Wie kommt die Idee einer Fakkel, die auch ein Kreuz sein könnte, überhaupt in den orphischen Mysterienkult hinein? Um hierauf zu antworten, können wir vielleicht das Symbol der Fackel gesondert nehmen. Die Fackel ist gewissermaßen eine primitive Laterne. Sie ist ein Feuerholz, das man an einem Herdfeuer entzünden und dann mit sich tragen kann. Mit der Fackel kommen wir zur Idee des Feuers und hier erhebt sich die weitere Frage: Wie hängt das Feuer mit dem orphischen Kult zusammen?

Von der zweiten bis zur fünften Szene war das dionysische Element das Wasser. Es erschien zuerst als Weihwasser, dann in dem Silen, einem Quelldämon, der also das göttliche Wasser verkörpert, und endlich im Gefäß der fünften Szene verwandelt in Wein. Schon im Wein schleicht sich das Feuer gewissermaßen ins Wasser hinein, denn der Wein ist ein »Feuerwasser«. Hier entdeckte ich noch einen weiteren Zusammenhang, der mir bisher entgangen war, nämlich das Symbol des Thyrsosstabes, der auf dem zentralen Bild der sechsten Szene Dionysos über den Knien liegt. Damit hatte ich ein wichtiges Bindeglied übersehen! Wir wollen gleich überlegen, was uns dadurch erschlossen wird.

Der Thyrsos, den man so oft auf antiken Abbildungen in den Händen der Bacchanten sieht, wurde aus den kräftigen Stengeln einer Staude geschnitten, die in den Mittelmeerländern bis zu 3 m Höhe erreichen kann. Der griechische Name dieser Staude ist Narthex, lateinisch *ferula communis*, deutsch Steckenkraut. Der Narthexstengel ist hohl und als dionysischer Thyrsos wurde er oben mit einem Pinienzapfen verschlossen, denn er wurde als mit Feuer gefüllt vorgestellt. Auf dem zentralen Dionysosbild ist die Idee des Feuers also im Vordergrund. Die Verbindung des Narthexstabes mit dem Feuer ist uralt. Prometheus hatte der Sage nach das himmlische Feuer, das er den Göttern stahl, in einem Narthexrohr auf die Erde gebracht und seither ist der Narthex Feuerträger. Im Thyrsos wird der Stab mit dionysischem Feuer gefüllt vorgestellt. Auf dem zentralen Bild der *coniunctio* von Dionysos und Ariadne wird somit das Feuer zum göttlichen Element. Hier, in unserem Kult, sehen wir Dionysos, der vordem als Wasser und dann auch als Geist und Seele erschien, als göttliches Feuer. Die Idee des »göttlichen Feuers« ist dazu in der Alchemie eine Parallele.[29]

Die Fackel der Thyade ist gewissermaßen ein Funken von diesem Feuer. So, wie die korykische Höhle auf dem Parnass, wo Dionysos wieder auflebte, durch sein göttliches Feuer erleuchtet wurde und den Weg wies, so leuchtete der Gott selbst in den Fackeln der Thyaden auf ihrer stürmischen Prozession. Es ist, wie wir es schon so oft sahen: Der Gott, dem zur Wiederkehr geleuchtet wird, ist dabei selbst der Erleuchter.

Die Fackel ist also das Symbol einer göttlichen Erleuchtung, die die thyadische Initiandin während ihrer Katabasis erhalten hat. Sie bringt diese Erleuchtung ins Heiligtum zurück, ja, sie bringt sie ganz gegenständlich, nämlich in der Form der Schwingenwiege mit dem Phallus darin. Die Erleuchtung, die die Initiandin erhielt, besteht darin, dass der Gott wieder erstanden ist, die Frau ihn ekstatisch geschaut, gewiegt und genährt hat und er – greifbar nah – zur schöpferischen Wirklichkeit geworden ist.

Aber inzwischen ist die Fackel der Erleuchtung erloschen. Sie hat, wie es der antiken Anschauung nach immer der Fall war, nur eine bestimmte Zeit geleuchtet. Es handelt sich nur um das kurze Aufblitzen einer ekstatischen Erfahrung, die nun wieder zu Ende ist. Wenn daher die Frau im Tempelheiligtum immer noch nach der göttlichen Erscheinung schaut und nach ihr greift, so greift sie im Grunde mit fühllosen, toten Armen, die nichts greifen können, ins Wesenlose hinein. Das Mysterium, das sie erschaut hatte, ist jetzt im Tageslicht für sie nicht mehr fühlbar, nicht mehr begreiflich. Indem sie die Hülle lüften will, die den göttlichen Phallus bedeckt, vergreift sie sich fast daran.

Vielleicht ist es so, dass die erloschene Fackel nun der Frau zum Kreuz geworden ist. Weil sie nicht mehr brennt, ist sie zum Marterinstrument geworden und darum trägt die Frau an diesem Kreuz so schwer. Aber es bleibt immer noch unverständlich. Der Vergleich der Initiandin mit Christus kann unmöglich stimmen.

Man muss verzeihen, dass ich meine Gedanken zur Darstellung der knienden Frau in der siebten Szene einfach so niedergeschrieben habe, wie sie mir gekommen sind. Diese Szene ist so abgründig und so schwer zu verstehen, dass man sich nur tastend und schrittweise damit auseinandersetzen kann.

Wir lassen daher die Perplexität, auf die wir noch einmal gestoßen sind, auf sich beruhen und wenden uns den beiden weiblichen Gestalten hinter der knienden Fackelträgerin zu. Kein einziges Detail der Freskenfolge darf ausgelassen werden, denn die aufeinanderfolgenden Bilder stellen so, wie es auch bei Träumen der Fall ist, eine in sich zusammenhängende Kette dar, in der jedes einzelne Glied für den ganzen Zusammenhang wesentlich ist.

Zuerst hielt ich die beiden Frauengestalten hinter der Knienden für zu stark zerstört, als dass man etwas darüber herausfinden könnte. Aber das Körbchen, das die vordere der beiden Frauen über den Kopf der Knienden hält, ist erhalten und dieses Symbol gibt uns einen Hinweis auf den Sinn. Das Körbchen ist sehr flach und enthält nach Maiuri einige Fichtenzweiglein. Einen Korb mit den Attributen des Mysteriengottes über den Kopf eines Mysten zu halten, bedeutete im klassischen Mysterienbrauch Weihung und Einsegnung nach der Katabasis.[30] Der Myste, der durch den Mysterientod gegangen war, wurde durch diese Einsegnung dem Leben zurückgegeben und durch den Gott selbst nach dem ekstatischen Erleben beruhigt.

Die Fichte ist eines der bedeutendsten pflanzlichen Symbole des Dionysos. Sie soll bei der Geburt des Gottes gepflanzt worden sein und wurde dann vor allem das Symbol des Dionysos Lysios und des Baccheios, d.h. des Gottes der Eingeweihten. Nach der alten Sage von Pentheus soll dieser, um die geheimen Orgien der Mänaden zu erspähen, auf eine Fichte gestiegen sein, die deshalb von ihnen gefällt wurde. Aus dieser Fichte sollen die Bilder des Lysios stammen; sie ist der Gott selbst, sein Mysterion, das mit der Maske des Dionysos in den Tempeln verbunden wird. Als Fichte ist Dionysos der verborgene Gott der Mysterien, der sein Geheimnis hütet.

Wenn also das Körbchen mit den Fichtenzweigen über den Kopf der knienden Seherin gehalten wird – wahrscheinlich von einer Priesterin – so soll dies wohl ihre ekstatische Ergriffenheit durch den Segen des Gottes beruhigen und sie gleichzeitig daran erinnern, sich vor einem neugierigen Zugriff zu hüten. Der Segen ist zugleich auch eine Warnung, sich zu begnügen. Dass eine solche gemeint ist, geht vielleicht auch aus der Geste der zweiten, hinter der Knienden noch sichtbaren Frauengestalt hervor. Was von dieser erhalten ist, deutet auf ein erschrockenes Zurückweichen. So beschreibt es auch Maiuri. Es ist, als würde sie der Knienden zurufen: Gehe nicht zu weit!

Das alles ist nun eine treffliche Bestätigung meines Eindruckes, dass wirklich etwas mit der knienden Frauengestalt der siebten Szene nicht stimmt. Ihre Ähnlichkeit mit dem sein Kreuz tragenden Christus deutet auf eine gefährliche Überhebung und indem sie die Hülle über dem Phallus in der Schwingenwiege lüften will, ist sie gleichsam wie Pentheus in Gefahr, die Fichte zu besteigen und sich am Geheimnis des Baccheios zu vergreifen. Die Priesterinnen hinter ihr wollen sie beruhigen, sie segnen und warnen. Aber die Kniende achtet ihrer nicht. Sie hat ihr Haar unter einer Mütze verborgen; und da das Haar ein typisches Symbol für das ist, was man im Kopfe hat, bedeutet dies wohl, dass sie ihre Gedanken und das, was sie im Kopf hat, verbergen will – gleichzeitig vielleicht auch, dass sie sich fremdem Zuspruch verschließt. Segen und Warnung können sie nicht erreichen.

Das alles deutet auf einen höchst gefährlichen Augenblick auf dem Einweihungsweg. Wie sich nach der delphischen Legende die Thyaden auf ihrem nächtlichen Erweckungslauf verrennen konnten, so hat sich auch unsere Initiandin verrannt und die hilfreichen Zusprüche der Priesterinnen erreichen sie nicht mehr.

Aber die Initiandin wird von einer höheren Macht erreicht. Der Engel schießt wie ein Adler mit schwirrendem Flügelschlage herab und erhebt abwehrend gebieterisch die Hand gegen die Initiandin. Diese abwehrende Geste des Engels ist ein Bild, für das es auf anderen Darstellungen Parallelen gibt. Maiuris Buch über die Villa dei Misteri[31] enthält eine sehr schöne parallele Darstellung dazu. Sie zeigt links einen jungen Satyrn, in der Mitte eine kniende Frau mit der Schwingenwiege. Sie erhebt die Arme, um die Hülle, die den Phallus verdeckt, zu lüften. Rechts erhebt eine geflügelte Frauengestalt die Hand mit der gleichen abwehrenden Geste wie auf unserer siebten Szene.

Eine andere Parallele findet sich auf einem Mosaikfußboden eines nordafrikanischen dionysischen Heiligtums, wo ebenfalls eine kniende Frau mit der Schwingenwiege abgebildet ist, so wie auf unserer Szene, und daneben eine herabschwebende Nymphe mit der gleichen abwehrenden Geste.[32] Diese Darstellung wird uns später noch beschäftigen. Maiuri schreibt, die abwehrende Engelsgestalt werde für eine Personifikation des Aidos, d.h. des Schamgefühls, gehalten.

Es ergibt sich also folgender Zusammenhang: Die kniende Initiandin hat in der Entrücktheit der Katabasis den dionysischen Schöpfergeist erschaut und er hat ihr eingegeben, dass sie ihn erwecke und nähre. Mit dieser Vision ist sie ins Tageslicht zurückgekehrt, aber sie ist darüber außer sich geraten und hat Menschlichkeit und Gefühl verloren. Sie überhebt sich und ist fremdem Zuspruch unzugänglich geworden. Aber da naht sich ihr das Schamgefühl, das sie gegenüber dem Heiligen verloren hat, als warnender und rettender Engel.

Soviel ergibt sich aus der Freskendarstellung des Engels ohne weiteres. Es sei hier gleich hinzugefügt, dass ich keine Parallele kenne, wo der Engel auch eine Gerte zum Schlag erhebt. Dies ist jedoch ein Aspekt des Bildes, der schon zur ersten Gestalt der achten Szene gehört; wir werden die entsprechende Symbolik also erst später aufnehmen können. Abgesehen davon ist aber noch mehr und noch Grundsätzlicheres über die Gestalt des Engels schon jetzt zu sagen:

Seine Bedeutung als Aidos, als Schamgefühl, bildet sozusagen nur die Oberfläche, denn es gibt das wieder, was sich auf die kniende Seherin bezieht – oder besser gesagt – es drückt das aus, was der Engel in der Sprache des Bildes spricht: Du hast kein Schamgefühl und das ist eine Schande. Diese Einsicht wird der Knienden in der Gestalt des Engels als eine Eingebung von oben zugetragen.

Die Einsicht bricht über die Kniende so plötzlich herein, wie der Engel in die Szene einbricht. Der Engel waltet dabei als weiblicher Götterbote. Er trägt einen auffallend hohen Kothurn und das bedeutet, dass er in der Rolle des Dionysos auftritt. In dieser Hinsicht ist der Engel eine höhere Entsprechung zum Knaben der ersten Szene. Wie aus jenem Knaben die Stimme des Gottes selbst sprach, so spricht auch hier der Gott aus seiner geflügelten Abgesandten. Diese steht in der siebten wie auch in der achten Szene als das beide Szenen verbindende zentrale Symbol. Diesmal ist es aber kein Mensch, sondern ein geflügelter Luftgeist, durch den der Gott zur Initiandin spricht. Er, der noch eben im Feuer gewaltet und die Initiandin befeuert hatte, erscheint nun als ein *spiritus aereus*, oder *volans*, und damit wird nun die Luft zum dionysischen Element. Die alchemistische Idee des Mercurius als Luftgeist ist die männliche Parallele dazu.[33]

Als göttlicher Hauch hat die Luft, die durch den Engel verkörpert erscheint, den Charakter des Pneumas. So, wie früher im Symbol des Weines das göttliche Feuer im Wasser verborgen symbolisiert war, ist im Pneuma das Feuer in der Luft verborgen gedacht. Das Pneuma ist eine feurige Luft oder ein feuriger Wind. Damit wir die Gestalt des dunkelgeflügelten Engels auf der siebten Szene besser erfassen können, muss ich auf die antike Idee des Pneumas näher eingehen. Ich stütze mich dabei auf Leisegang.[34] Im letzten Kapitel seines Buches *Der Heilige Geist* sagt Leisegang ausdrücklich, der Dionysoskult sei die Wiege aller antiken Lehren vom Heiligen Geist, die im griechischen Schrifttum überhaupt zu finden seien. Schon daraus können wir entnehmen, dass es nicht abwegig ist, wenn wir die Engelsgestalt unserer Fresken als ein Pneuma auffassen.

Nach dem alten Sprachgebrauch ist Pneuma einfach bewegte Luft oder bewegter Hauch – Hauch des Windes, Hauch der Götter, der Menschen und auch der Tiere, d.h. ganz allgemein Lebenshauch. Nach der volkstümlichen Anschauung schweben die Seelen in der dunklen Luft unter dem Mond. Auch die Dämonen sind Pneumata. Die bewegte Luft ist Träger allen Geistes und aller Lebenskräfte; die Winde sind ebenfalls Fruchtbarkeitsdämonen.

Diese alten Vorstellungen hat die Orphik ausgebaut; sie sah die Luft von Seelen bevölkert, Winde trugen die Seele in den Menschen hinein und nach dem Tod vereinigte sich der menschliche Hauchgeist mit dem göttlichen Pneuma. Nach der Auffassung der Stoiker ist das Pneuma als Luft Bestandteil des Kosmos, außerdem ist es aber auch die lautere Erkenntnis und zwar nicht als Begriff, sondern als göttliche Kraft, die sowohl im Menschen als auch im Kosmos wirksam ist – also innen und außen in gleicher Weise. Poseidonios sagte: »Das Urwesen ist Materie und Geist und als solches ein feines, feuriges Pneuma. Dieses ist ewig und unvergänglich.«[35]

Das Pneuma ist ein allerfeinster Körper, der alles durchdringt. Es hält die toten Massen zusammen, ist die Lebensursache der animalischen Wesen, Träger der Seele und der Geistestätigkeit im Menschen. Endlich ist es auch die Weltvernunft. Durch das Pneuma dringt der Geist überallhin.

Dies ist eine Vorstellung, die die Stoiker auch durch den Begriff der *logoi spermatikoi* formulieren, der Geistkeime, die aus dem Äther beständig auf die Erde regnen und gleichzeitig luftig und feurig sind. In diesem Sinn, als das überall Hinreichende, Alldurchdringende, ist der Heilige Geist der Antike auch das Allverbindende. Er waltet in allem, so dass den Stoikern zufolge kein Ereignis allein besteht.[36]

Daher gibt es auch Vorzeichen, die sich aus dem pneumatischen Zusammenhang aller Ereignisse deuten lassen.

Ich kann hier zu diesem großen Thema natürlich nur Andeutungen anführen. Etwas aber sei noch hinzugefügt: Als lautere Erkenntnis, als die göttliche Kraft im Menschen, hat das Pneuma auch eine sittliche Bedeutung, nämlich die der Selbsterkenntnis. Das Pneuma ist der wahre Mensch im Menschen, Zeuge, Ankläger und Herrscher, es ist der Vermittler, der den Menschen leitet.

In diesem Zusammenhang ist es von Poseidonios auch mit dem Daimonion des Sokrates verglichen worden. Als wahrer Mensch taucht das Pneuma plötzlich im Sterblichen hervor – wie Philo von Alexandria es formulierte: Es geht unvorhergesehen und unverhofft auf als das »überaschende Licht selbstgelehrter Weisheit«.[37] Leisegang sagt: Da das Pneuma dabei der aktive Teil ist, wäre es am richtigsten zu sagen, es treffe auf die Seele des Menschen.

Eines ist nun noch zu sagen. Nach der Auffassung der alten Dionysosreligion und auch in der Orphik ist der Gott dem Menschen wesensähnlich. Dionysos ist alles – Gott, Mensch und Natur; und im *enthusiasmos*, der Gotteserfülltheit, wird die Einheit mit der Dionysos-Allheit erfahren. Der dionysische *enthusiasmos* – die Erfahrung des Pneumas – ist eine *theia mania*, ein göttlicher Wahnsinn. Ursprünglich war der Wahnsinn für die Griechen eine göttliche Strafe, wie wir es aus der Orestie kennen, aber im Dionysoskult wird aus dem Fluch eine mystische Gnadengabe ähnlich dem Pfingstwunder.

*

Mit der Engelsgestalt der siebten Szene stößt der Heilige Geist der Orphik mit dunklem Flügelschlag herab, was eine erschütternde Wende bedeutet. Denn eben haben wir als Symbol des Gottes noch den Phallus in der Schwingenwiege gesehen, der – wenn er nicht verhüllt bleibt – grotesken und obszönen Charakter annimmt. In der griechischen Komödie, die aus dem Dionysoskult erwachsen ist, erscheint der überlebensgroße Phallus als Requisit der Rüpelszenen. Er wird bei den Festzügen der Bauern als Attribut des Gottes über die Bühne getragen und die Bauern selbst treten mit erigiertem Phallus auf. Der Phallus in der Schwingenwiege ist also ein höchst zweideutiges Symbol, denn es ist auch anstößig. Aber das Anstößige hat in Griechenland vor allem zu den Frauenmysterien als wesentlicher Bestandteil gehört. In den eleusinischen Mysterien beispielsweise kamen die Frauen zusammen, um anstößige Scherze auszutauschen, was ein religiöser Ritus war. Als Verkörperung des Anstößigen erscheint im eleusinischen Mythos die erdhafte Baubo, die die trauernde Demeter durch eine unanständige Geste aufheitert.[38]

Die siebte Szene der Freskenfolge ist wohl gerade darum unter Frauen allein in der Verborgenheit eines Allerheiligsten zu denken, weil in der Symbolik der Schwingenwiege das Anstößige mit hineinspielt, zwar verhüllt, aber es wird doch deutlich, dass, wenn das Gottkind geweckt wird, auch das Geschlecht erwacht. Die Erleuchtung, die die Initiandin aus der Katabasis in den Tempel zurückbringt, ist nicht das, was man einen Höhepunkt nennen könnte. Sie ist im Gegenteil das unterweltliche, tiefe, dionysische Geheimnis, in dem sich der Gottgeist der Frau im Geschlecht manifestiert. Dieses Geheimnis muss streng verhüllt bleiben, denn enthüllt würde es zum Billigsten, was es gibt.

Diese Implikation des Allerbilligsten ist es, die einzelne Gelehrte dazu geführt hat, hier als Parallele an die römischen Lupercalienfeiern zu denken, an die Mannbarkeitsfeiern, bei denen die erwachte physische Zeugungskraft der Knaben und die körperliche Fruchtbarkeit der Mädchen im Vordergrund standen.

Gerade das ist aber hier nicht gemeint. In der Antike war überall die uralte Vorstellung lebendig, dass die *unio mystica* des Menschen mit der Gottheit auch eine geschlechtliche Vereinigung sei. Diese wurde als solche in den Mysteriendramen vielfach dargestellt, in Griechenland z.B. sowohl in Athen als auch in Eleusis. Wir wissen, dass die Isismysterien in Rom gerade deshalb immer wieder Anstoß erregten, weil eine *unio mystica* dabei dramatisch dargestellt wurde.[39] Und doch ist es eine wahrhaft göttliche Erkenntnis, dass auch das Geschlecht heilig ist.

Für die Frau ist es eine der wichtigsten Erfahrungen, dass der Schöpfergeist dann für sie lebendig wird, wenn er ihre körperliche Tiefe erreicht. Wie Poseidonios sagte, ist das Urwesen Materie und Geist. Für den Menschen ist im Geschlecht – dem Urwesen in ihm – beides vereinigt. Aber das ist ein *arrheton*, ein unausprechbares Geheimnis. Die Initiandin unseres Kultes erlebt es im göttlichen Wahnsinn eines *enthousiasmos*. Sie hat sich dem Tode entgegengestürzt und hat das tiefe und einfache Mysterium geistigen Lebens erleuchtend erfahren.

Wir können zur Bildhaftigkeit der siebten Szene den viel zitierten Satz der alchemistischen *Tabula Smaragdina* anführen: »Was unten ist, ist gleich dem, was oben ist, und das, was oben ist, ist gleich dem, was unten ist – fähig, die Wunder des Einen Dinges auszuführen.«

In unserem orphischen Kult ist das »Eine Ding« Dionysos, als das Selbst und zugleich als die Selbstwerdung. Für die Frau erscheint diese vor allem als eine Werdung des Geistes. Im dionysischen Phallus erfährt die Initiandin den Geist als männliche Zeugungskraft. Das ist das Unten und davon wird sie aufgebläht, so dass sie sich als eine Kreuzträgerin empfindet. Sie ist über dem Erlebnis der göttlichen Zeugungskraft in eine *theia mania* verfallen. Sie ist nur noch dieser Wahnsinn – eine heilige, rasende Seherin – und das hält sie für die ganze Erfüllung.

Aber schon wandelt sich das Unten in das Oben und das Männliche in das Weibliche. Dionysosgeist stößt als weibliches Pneuma auf die Initiandin herab, als ein dunkler Engel, um ihre wahre Menschlichkeit zu bezeugen. Als weibliches Pneuma könnten wir den Engel auch als Sophia bezeichnen; er ist »das überraschende Licht selbstgelehrter Weisheit«, von dem Philo spricht, das unversehens die Initiandin trifft, anklagend, herrschend und vermittelnd.

Was der Engel der Frau vor allem vermittelt, ist das geistige Schamgefühl als Gnadengabe des Heiligen Geistes. Durch diese Symbolik erhalten vielleicht auch wir moderne Frauen eine Erleuchtung. Oder wissen wir, dass für die Frau gerade in Bezug auf die Erfahrung des Geistes Schamgefühl das erste und höchste Erfordernis ist?

Gleichzeitig vermittelt die Pneuma-Sophia-Figur der Initiandin noch ein anderes überraschendes Licht. Im Engel steht ihr der Träger der dionysischen *theia mania* gestalthaft gegenüber. Er zeigt ihr, dass nicht sie es ist, die die Sehergabe hat. Der heilige Geist hat die Mystin für einen kurzen Augenblick erfüllt und schon schneidet er die Sterbliche, durchaus nicht »christusähnlich«, mit einer machtvollen, abwehrenden Handbewegung wieder von sich ab. Im Gnadenakt seines Erscheinens unterscheidet er die Frau von der höheren Weiblichkeit der Sophia, die sie niemals selbst ist.

Die siebte Szene ist also die Darstellung sowohl einer Erleuchtung als auch einer Vergreifung, die nicht durch menschliche Hilfe abgewendet, sondern nur noch durch das Eingreifen einer höheren Macht von oben richtiggestellt werden kann. Sie schildert mit dramatischer Eindrücklichkeit einen Augenblick äußerster Gefahr auf dem Mysterienwege. Nur eine einzige Bewegung zuviel und das göttliche Geheimnis geht für immer verloren und das Leben wird zum »Rüpelspiel«.

Nur ein Gnadenakt kann den dramatischen Verlust verhindern. Dass es einen solchen Augenblick auf dem Wege der psychischen Wandlung gibt, ist zu allen Zeiten von den Menschen empfunden und symbolisch ausgedrückt worden. Im Iranischen z.B. steht dafür das Symbol der gefährlichen Brücke Cinvat, die über einen Abgrund führt. Für den Guten (und wer ist gut?) ist die Brücke breit, für alle anderen Menschen messerscharf schmal.[40] Das ist ein Bild, das in mannigfachen Variationen auch in modernen Träumen vorkommt. Es bedeutet, dass in diesem Augenblick alles auf Messers Schneide steht, dass die geringste falsche Regung den Menschen in einen Abgrund stürzen würde.

Die Idee, dass eine tödliche Gefahr mit dem Wege der inneren Entwicklung verbunden sein kann, könnte fast verzweifeln lassen. Aber das menschliche Leben ist immer von Gefahren bedroht. Wie es die Weisheit aller Völker lehrt, ist jeder Lebende stets »vom Tod umfangen«. Ungefährlich ist in gewissem Sinne nur der geistige Tod, der eintritt, wenn ein Mensch dem Rufe der »Schreckensmaske« nicht folgt, der ihm Einkehr und Wandlung ankündigt. Wird die Wandlung abgelehnt, so kommt die innere Entwicklung zum Stillstand und die Psyche des Menschen verdorrt.

Der so verdorrte Mensch hat keine Probleme mehr, keine Aufgaben liegen mehr vor ihm und es ist gleichgültig, was aus dem lebenden Leichnam wird. Aber dann wird der äußeren Welt alle Todesgefahr und aller Schrecken aufgebürdet, d.h. alles Tödliche und alle finstere Dämonie wird in die Welt projiziert und dann steht dort alles auf Messers Schneide. Darum erteilen die Initiationen und Mysterienkulte aller Völker und Zeiten jedem Einzelnen eine große Lehre, jedem, der aufnahmebereit und fähig ist, seiner ihm eigenen Gefahr zu begegnen. Denn es entspricht der allgemeinen menschlichen Erfahrung, dass für den Einzelnen gerade dann, wenn alles in ihm auf Messers Schneide steht und die Gefahr für ihn am größten ist, sich ihm auch die mächtigste Hilfe wie der Flügelschlag eines dunklen Engels nähern kann.

Für alle antiken Mysterienkulte gilt, wie K. Kerenyi sagte, der Spruch: *Ho telos ho gamos*; das Ziel der Einweihung ist die Begattung. In den Pubertätsweihen der Knaben und Mädchen ist die physische Begattung das Ziel, die für die Kinder bis dahin ein unaussprechbares Geheimnis bedeutet hatte. Das Wissen um die Fähigkeit, sich paaren und das Leben von Generation zu Generation weitergeben zu können, wird Mädchen und Knaben in den ersten Weihen als ein göttliches Geschenk verliehen. Zeugungskraft dringt in sie als natürliche Lust ein und darum sind die römischen Lupercalienfeste, die zu den Pubertätsweihen der Knaben und Mädchen gehörten und diese abschlossen, eine volkstümliche Lustbarkeit gewesen.

Aber in der höheren Einweihung des erwachsenen Menschen ist das Ziel die mystische Begattung der Menschenseele mit dem Gottgeiste – eine heilige Hochzeit, die den Menschen zu einem »Zweimalgeborenen« machen und ihn zur Unsterblichkeit führen soll. Wieder belebt sich das Geschlecht, wieder regt sich die Lust, wie Goethe es so schön und zart in seinem Gedicht »Selige Sehnsucht« ausdrückt:

»Nicht mehr bleibest du umfangen
In der Finsternis Umschattung
Und dich reißet neu Verlangen
Auf zu höherer Begattung.«

Genauso ist die Initiandin der siebten Szene dargestellt: Sie ist hingerissen, das heißt, durch dionysischen *enthusiasmos* in einer Erfahrung, die alles Menschenbewusstsein weit übersteigt und daher mit Recht als eine Überhöhung empfunden wird, aus dem normalen Bewusstsein gerissen. Dennoch bleibt der Ort auch dieser höheren Erfahrung immer der gleiche. *Ho telos ho gamos*: Das Ziel ist immer die Begattung. Die Mysterienerfahrung berührt an entscheidender Stelle auch die Tiefe des Geschlechtes, wo für den Menschen das Göttliche und das Tierische, das Heilige und das Anstößige unauflösbar vereinigt sind. Darum schleicht sich eine unheimliche Zweideutigkeit in die Symbolik der siebten Szene ein, so wie sie auch in der heiligen, heilenden Gestalt der Baubo enthalten ist, und es steht auf Messers Schneide, ob sich das Höchste in das Billigste verkehre oder nicht. Darum trägt die Engelsgestalt der siebten Szene auch die traditionellen Züge der Aidos. Sie verkörpert für die Initiandin das Schamgefühl als ein Licht der Weisheit.

*

Wir müssen nun versuchen, uns diesen Zusammenhängen vom psychologischen Standpunkt aus zu nähern. Ich kann hier allerdings nur wenige Andeutungen geben, denn es ist ein heikles Gebiet. Um zu einem gewissen Verständnis zu gelangen, wollen wir vor allem einen Rückblick auf die bisherige geistige Entwicklung der Initiandin während des Einweihungsweges werfen. Ich möchte dabei bestimmte Anschauungen der Antike über das Wesen des Menschen zu Hilfe nehmen, die aus dem Gnostizismus bekannt sind, aber, wie Leisegang[41] meint, auf eine viel ältere Zeit zurückgehen. Nach der klassischen Anschauung hatte der Mensch drei Naturen: die hylische, die psychische und die pneumatische. Dementsprechend wurde auch vom hylischen, vom psychischen und vom pneumatischen Menschen gesprochen.

Der hylische Mensch ist der materielle Mensch aus Fleisch und Blut, der sich mit seinem Körper identifiziert, oder, mit anderen Worten, er ist der naturhafte Mensch mit der ursprünglichen Grundlage seines Instinktes. Diesem naturhaften Menschen gilt zunächst der Einweihungsweg unseres orphischen Kultes.

Die Initiandin als fleischlicher Mensch wird zuerst aus der Verstrickung mit der titanischen Gier ihrer Zeit herausgelöst und durch das Sakrament der zweiten Szene in der Reinheit ihrer ursprünglichen Instinkte wieder hergestellt. Dabei erscheint bereits als Symbol ihrer erwachenden psychischen Natur das Lorbeerzweiglein, das einen Keim oder ein Versprechen spirituellen Wachstums symbolisiert. In ihm sehen wir also die geistigen Entwicklungsmöglichkeiten der Initiandin, so, wie sie zum naturhaften oder hylischen Menschen als Anlage gehören. Ist dieses Zweiglein echt und unverfälscht, finden wir hier die ursprüngliche naturgegebene Ganzheit, aus der sie frei und rein instinktiv in der kosmischen Ordnung lebt. Das ist in der dritten Szene dargestellt, in der die Initiandin als Zicklein erscheint. Sie ist hier wieder in die ursprüngliche Ganzheit hineingestellt, in der Dionysos als das verborgene Licht der Natur waltet und allen Ereignissen Sinn verleiht. Das Zicklein symbolisiert den unverfälschten hylischen Menschen, dessen Wiederherstellung in der Orphik die Voraussetzung für die weitere Einweihung war.

Dabei enthüllt sich auch die eigene Geistigkeit der Frau in einer neuen Form, nämlich als das aufmerksame junge Böckchen, das im Vordergrund der dritten Szene steht. Was vorher in dem Lorbeerzweiglein noch gewissermaßen abgespalten in der Verborgenheit aufgesprosst war, erscheint nun als ein der Weiblichkeit der Initiandin verwandtes warmblütiges Geschöpf, als der junge Bock, der zum Zicklein gehört und mit diesem ein Paar bildet. Man kann diesen jungen Bock, wenn man zum besseren Verständnis die moderne Terminologie heranziehen darf, als ein erstes Erscheinen des Animus bezeichnen, eine noch nicht menschliche Erscheinungsweise allerdings, die aber zur Initiandin auf dieser Anfangsstufe passt, denn sie ist noch nicht zur wirklichen Menschlichkeit wiedergeboren. Sie ist noch ein hylischer Mensch, aber sie ist es rein, und sie ist bereit, das Geheimnis der Psyche zu empfangen.

Diese Bereitschaft als eine auf dieser Stufe gegebene geistige Haltung stellt das Böckchen dar, das so aufmerksam in die Zukunft lauscht. Das ist es, was der Animus der Frau von Anfang an vermitteln kann – auch schon in Tierform, nämlich die rechte geistige Einstellung, die in einer bestimmten Lage nötig ist. Hier ist, wie gesagt, diese rechte Einstellung eine aufmerksame Bereitschaft und diese bewirkt, dass die Initiandin den Gott als Geist zwar nicht sehen, aber hören kann. So ist es dann in der sogenannten erschrockenen Frau der vierten

Szene auch wirklich dargestellt. Sie hat den Ruf der Schreckensmaske mit der Hilfe des Böckleins vernommen und macht sich auf den Weg der Katabasis.

Wenn wir die Initiandin in der siebten Szene von der Katabasis, die sie durchlebt hat, zurückkehren sehen, so erkennen wir, dass sie sich gewandelt hat. Sie hat in der Katabasis ihre psychische Natur gefunden und ist nun mit ihrem übergroßen, seherischen Auge nur noch Seele. Aber darüber hat sie den hylischen oder natürlichen Menschen, der sie auch ist, vergessen. Über der Gottschau, die sie erlebt hat, ist ihr der Zusammenhang mit ihrer natürlichen Echtheit und mit dem Körper verlorengegangen und das ist eigentlich ihre Schuld und ihre Überhebung. Wir haben bei der Besprechung der dritten Szene gesehen, dass die Wiederherstellung der Natürlichkeit im orphischen Kult der ausschlaggebende Schritt war. Gerade dadurch konnte sich der Orphiker sogar über den Tod hinaus legitimieren, so dass er sagen durfte: Ich wurde zum Gott, denn ich wurde Zicklein und Böckchen.

Eine der fundamentalen Erkenntnisse der orphischen Lehre ist, dass das ganz Natürliche, wenn es wirklich echt ist, auch das Göttliche im Menschen ist. In der Orphik wurde die Instinktnatur des Menschen in diesem Sinne in ihrer ganzen Bedeutung akzeptiert. Diese Möglichkeit war in der Gestalt des Dionysos mitgegeben, denn Dionysos ist außer Gott und Mensch auch Natur.

Den Körpermenschen und seine natürlichen Regungen zu vernachlässigen oder gar zu vergessen, ist dementsprechend eine schwere Schuld, die sich rächen muss. Das gilt übrigens überall und zu allen Zeiten, – kein Mensch ist je ganz Seele. Wohin wir auch gehen, wir müssen Zicklein und Böckchen überallhin mitnehmen, wir müssen das Gottesgeschenk des reinen Instinkts immer mitwalten und mitsprechen lassen, sonst sind wir auf ungute Weise unvollständig. Es ist sinnreich, dass die kniende Initiandin der siebten Szene so puppenhaft steif, unlebendig und geradezu hässlich dargestellt ist. Es symbolisiert ihre Unvollständigkeit, denn sie ist einseitig geworden – nur noch Seele. Oder sollte man sagen, nur noch Geist?

Der Darstellung der siebten Szene entsprechend hat auch der Animus der Initiandin eine Wandlung durchgemacht. In der Gestalt des Böckchens war er als jugendlich hitziger, sogar dämonischer Impuls aufgetreten. In der Katabasis aber hat er wieder pflanzliche Form angenommen, er erscheint nun als die Fackel, die der Initiandin in der Unterwelt geleuchtet hat, denn sie ist ein Holz und damit eine Entsprechung zum Lorbeerzweiglein der zweiten Szene, das das unmerkliche, selbsttätige spirituelle Wachstum verkörperte. Dieses Wachstum ist aber nun zur Reife gelangt, das Reis der zweiten Szene ist in der siebten gewissermaßen erwachsen und zum Lichtträger geworden. Die brennende Fackel zeigt den Animus der Frau in seiner eigentlichen Funktion als Führer und Vermittler zwischen ihrem Bewusstsein und den Inhalten des kollektiven Unbewussten.

In ähnlicher Weise kann auch die Anima dem Manne Lichtträgerin sein, ein Bild, das sich häufig findet. Ein schönes Beispiel dafür enthält der *Liebestraum des Poliphilo*[42] .

Das Seelenbild in seiner archetypischen Rolle als Vermittler ist essentiell ein Lichtträger. Das Licht des Unbewussten erreicht in diesem Bild das Bewusstsein; in diesem Sinn ist es ein Funken vom göttlichen Licht des Selbst, für das in der Orphik Dionysos steht. Während sich das Bewusstsein in der Katabasis verdunkelt, so dass nur noch das träumende Auge der Imagination zu leben scheint, beleuchtet der Fackelschein des Seelenbildes das Ziel des Lebens im Symbol der seligen Vereinigung von Dionysos (Sonne) und Ariadne (Mond). Durch diese Schau wird das Ziel für die Frau urplötzlich so lebendig, als wäre es ein neugeborenes Gottkind. Zugleich erkennt sie, dass hier, im Symbol der Vereinigung mit dem Selbst, die ewige Zeugungskraft enthalten ist, aus der alles Leben der Seele hervorgeht. Dadurch wird auch die Seele der Frau lebendig, so als würde sie aus einem Tode neu erzeugt.

Die Schau, die gleichzeitig auch Erkenntnis ist, also eine Gnosis, ist das, was den hylischen Menschen zum ganzen, oder wie die Alten sagten, zum zweimalgeborenen Menschen machen kann. Sie wird dem Bewusstsein der Frau durch das göttlich-dämonische Bild des Animus vermittelt, das dem geistigen Aspekt des Selbst gleicht oder ihn spiegelt. Der Pfahl ist, formal gesehen, auch ein phallisches Symbol für das Schöpferische in der Seele der Frau, das sich beleben und sie zur geistigen Gestaltung befruchten kann. Eine solche Gestaltung ist die visionäre Schau, die daher in der siebten Szene auch tatsächlich als Gestalt erscheint, nämlich als die Schwingenwiege mit dem Phallus darin. Damit diese Schau aber Wirklichkeit werden und festgehalten werden kann, darf die Initiandin ihre eigene natürliche Wirklichkeit nicht aus den Augen verlieren. Der Ort, wo sich das Psychische dauernd verwirklichen kann – um es in der Sprache der Antike auszudrücken – ist immer der hylische Mensch, d.h. der physische Körper und die ganz gewöhnliche eigene Realität. Ohne diese hat der Mensch in sich selbst keine Wurzel – und was ist er dann?

Damit kommen wir zum Symbol der Initiandin als Kreuzträgerin. Sie ist dargestellt, die erloschene Fackel schleppend, als ob sie damit verwachsen wäre. Sie kann sie nicht weglegen, obwohl sie sie im Tempelheiligtum nicht mehr braucht. Psychologisch bedeutet dieses Bild den Versuch der Frau, eine bestimmte Erscheinungsform des ständig wechselnden und sich wandelnden Seelenbildes festzuhalten und zu perpetuieren; das heißt aber nichts anderes, als dass sich die Frau damit identifiziert. Die Frau, die nur Geist ist, ist recht eigentlich die animus-besessene Frau. Sie meint, sie besitze nun den Geistfunken, der sie leitete, aber der Animus ist ein autonomer Faktor des kollektiven Unbewussten, den man nicht besitzen kann, denn dann würde man höchstens wie durch ein Marterinstrument erdrückt.

Es ist der negative Aspekt der *theia mania* – d.h. der göttlichen Ergriffenheit der Dionysosreligion, dass sie auch ein Phänomen primitiver, dämonischer Besessenheit ist. Um diese zu heilen und zu beruhigen, ist ein entsprechender primitiver *rite de sortie* nötig, der den Menschen aus der Ergriffenheit wieder herausnimmt und seiner gewöhnlichen Menschlichkeit zurückgibt. Ein solcher *rite de sortie* ist auf der siebten Szene unserer Freskenfolge durch die rituelle Handlung der beiden Priesterinnen mit dem Körbchen dargestellt. Dieses Körbchen, das mit Fichtenzweiglein gefüllt ist, wird der Initiandin über den Kopf gehalten, damit sie erkenne, wie weit das Göttliche –

in diesem Fall Dionysos als Fichte – über ihr stehe und damit sie sich nicht daran vergreife. Die segnende und warnende Geste der Priesterinnen fruchtet jedoch nichts, weil die Initiandin unter ihrer Mütze eigene Gedanken im Kopfe hat, an denen aller Zuspruch abprallt.

Es ist nicht schwer, sich vorzustellen, was dies für verborgene Gedanken sind. So wie die Initiandin als enthusiastische Seherin abgebildet ist, meint sie offenbar, sie habe schon die höchste Stufe der Einweihung erreicht, sie sei ein pneumatischer Mensch geworden, der, wie die Alten sagten, keine irdische Nahrung mehr braucht, weil das Schauen zu seiner Nahrung geworden ist, und dessen Geist über sich selbst hinaus ins Göttliche reicht. Es ist die geheime Illusion der Initiandin, dass sie zu einem weiblichen Gegenstück des verzückten Silens der dritten Szene geworden ist, der in unserer Freskenfolge den pneumatischen Menschen, die höchste halbgöttliche Stufe allen Menschseins symbolisiert. Sie spiegelt sich, mit anderen Worten, vor, sie sei zu einer ganz großen »Medizinfrau« geworden, zu einer Manapersönlichkeit, wie der Silen. Das ist wohl durch die merkwürdige »Christusähnlichkeit« ihres Bildes wiedergegeben und ist gleichzeitig ihr Martyrium.

Wir sehen dabei die gefährliche, trügerische Wirkung, die das archetypische Bild des Animus ebenfalls haben kann. Sobald sich die Frau damit identifiziert, ist sie seiner dunklen, dämonischen Wirkung hilflos ausgeliefert. Das symbolisiert die erloschene Fackel. Sie zeigt die auslöschende, vernebelnde Wirkung des Seelenbildes, an dem sich die Frau vergriffen hat. Wenn die Frau den göttlichen Lorbeer für sich in Anspruch nimmt, wird er zu einem toten und tödlichen Holz, an dem sie beinahe zugrunde geht.

Wenn wir nach einer Parallele zum Symbol der erloschenen Fackel suchen, so finden wir sie in späterer Zeit sehr treffend als das altbekannte, nämlich tote Holz des Hexenbesens, auf dem die Hexe zum Blocksberg fährt. Auch hier wird die Frau als negativ dämonisch empfunden, weil sie den dämonischen Geist zu besitzen glaubt, von dem sie jedoch besessen wird. Dabei ist es interessant, daran zu denken, dass die mittelalterliche Hexe ganz allgemein als schamlos geschildert wird. Das bezieht sich zwar in erster Linie nie auf die äußere, gewöhnliche Zuchtlosigkeit. Was den Hexen nachgesagt wurde, war stets, dass sie mit Dämonen Unzucht trieben. Es gibt hochgelehrte Schriften aus dem Mittelalter, in denen das sehr drastisch dargestellt wird.[43]

Auch in den Hexenprozessen wurde immer der Nachweis für die Unzucht der Hexen mit Dämonen zu erbringen versucht. Die uralte Idee des *spiritus familiaris* spielte dabei eine besondere Rolle. Der *spiritus familiaris* der Hexe war meist ein kleines Tier, z.B. eine Kröte, von der behauptet wurde, die Hexe verberge sie bei sich zu Hause und säuge sie wie eine Amme. Der Frosch, der so menschenähnlich ist, ist dabei das Symbol für das kleine Kind und die Hexe, die ihn nährt, steht in der Rolle einer delphischen Thyade, die zur Amme des Gottkindes wird. Aber weil in der christlichen Aera alles dionysische verworfen und verteufelt wurde, verkehrte sich im Mittelalter das Gottkind – ein Symbol des Lichtes, das im Unbewussten verborgen ist – in eine böse, gespenstische Kröte und die Frau, in der dieses Licht als ein Geistfunke aufging, wurde zur Verbrecherin.

Der alte heidnische Hintergrund lebte im mittelalterlichen Christen als eine unheimliche, unheilige Hexenküche weiter, in der die abgespaltene Schattenseite des Dionysos als ein riesenhafter, obzöner, satanischer Bock regierte. Hier steht nichts mehr auf Messers Schneide; der verhängnisvolle Zugriff, der das göttliche Geheimnis des Phallus enthüllte, ist im mittelalterlichen Hexenwesen unheilbar geschehen; die demütig fromme Baubo, die der trauernden Demeter die frohe Botschaft der »höheren Begattung« zutrug, wird hier nur noch als ein dämonisch laszives altes Weib gesehen.

Die mittelalterlichen Hexen konnten nichts dafür, dass sie dem tödlich vernebelnden Holze des Hexenbesens verhaftet blieben; die dionysische Seite des weiblichen Geistes konnte sich im Mittelalter nicht entwickeln, weil sie von der Kirche verdammt wurde. Das war eine zeitbedingte Notwendigkeit. Die Kirche musste den mittelalterlichen Menschen davor bewahren, in die Naturhaftigkeit des »Heidentums« zu regredieren. Besonders die Frauen gerieten dabei unter einen furchtbaren Zwang, denn die dunkle, dionysische Seite der

Anima, die ebenfalls verdammt war, wurde auf sie projiziert, so dass die Männer viele Frauen mit ihren eigenen unheiligen und dämonischen Phantasien umgaben. Daran ließ sich sowohl für die Männer als auch für die Frauen nichts ändern, bevor nicht die Natur als Ganzes entteufelt, aber damit auch entgöttert und so gesehen wurde, wie sie erscheint. Das haben die Naturwissenschaftler getan und damit schien auch der Mensch entteufelt und entgöttert in seiner hylischen Natur wiederhergestellt zu sein.

Scheinbar geht uns moderne Menschen weder die Problematik der siebten Szene unserer Freskenfolge noch die Problematik des Hexenwesens noch etwas an. Die moderne Psychologie hat jedoch die psychische Natur des Menschen wieder entdeckt und C.G. Jung ist bis in jene Tiefe vorgestoßen, wo in allen modernen Menschen das Dionysisch-Merkurische als Geist-Natur des Unbewussten immer noch und immer wieder aufs Neue lebendig und wirksam ist. Er entdeckte, dass es sehr nachteilig sein kann, wenn wir uns hierum nicht bekümmern, und dass eine geistige Entwicklung, ähnlich wie der Einweihungsweg der pompejanischen Freskenfolge sie symbolisch zeichnet, auch für die moderne Frau gegeben ist. Auch im Inneren der modernen Frau wächst ein Lorbeerzweiglein; auch die moderne Frau hat den geistigen Impuls in sich, der einem angriffslustigen jungen Bock sehr ähnlich sieht; auch sie kann durch den erschreckenden Geisterruf einer Lebenswende aus ihren naturhaften Bezogenheiten und Verwobenheiten vertrieben werden und dann stürzt es auch sie in das Leiden und die Verfinsterung einer Katabasis. Wenn wir dann nichts dazu tun, werden wir zu einem toten Holz, vernebelt und unsere Umgebung vernebelnd.

Darum ist es nötig, dass wir lernen das festzuhalten und aufzuzeichnen, was uns der Fackelschein des Seelenbildes aus der Tiefe des Unbewussten zuträgt. Die moderne Form dessen, was früher in einer rituellen Katabasis dramatisch erlebt wurde, ist für uns jedoch eine private, methodische Tätigkeit, nämlich ein Dialog mit dem Fackelträger und die Aufzeichnungen dessen, was er uns zeigt. Der *terminus technicus* dafür ist »aktive Imagination«.

Man könnte denken, das sei die harmloseste Tätigkeit, die es gibt. Das ist sie aber schon darum nicht, weil die Fackel des Animus immer auch das Wesen der Frau beleuchtet. Sie ist ein Symbol peinlichster Selbsterkenntnis. Der Animus erscheint stets in unsere Schattenseiten gekleidet und wenn er sich z.B. herrschsüchtig oder boshaft zeigt, so ist er es, weil wir so sind.

Abgesehen davon wird die Frau in der imaginativen Schau, die der führende Animus ihr vermittelt, mit den Inhalten des kollektiven Unbewussten konfrontiert und dadurch auch dessen übermächtigen Wirkungen ausgesetzt. Wir können zwar gewisse praktische, der Erfahrung entnommene Mittel und Wege nutzen, um diesen Wirkungen standzuhalten, doch ist der Menschenwitz gar kurz gegenüber den Dingen, die das Bewusstsein nicht zu fassen vermag. Daher gerät auch die moderne Frau in diesem Stadium ihrer Entwicklung ebenso wie die antike in Gefahr, hinauf- und aus sich selbst herausgerissen zu werden, so dass sie über der Mächtigkeit des Erlebens ihre gewöhnliche Menschlichkeit vergisst und meint, ganz Seele oder ganz Geist zu sein. Das leitende Bild kann auch für sie zu einer erloschenen, vernebelnden Fackel werden, die sie erdrückt und martert, während sie sich gleichzeitig mit der Illusion der Gottähnlichkeit narrt.

Durch die Identifikation mit dem Bild des Animus, was in der siebten Szene durch das Tragen der erloschenen Fackel symbolisiert ist, wird für die Frau der natürliche Fluss des psychischen Lebens empfindlich gestört. Wie bereits gesagt, bedeutet eine solche Identifikation gleichzeitig den Versuch, eine bestimmte Erscheinungsform des höchst wandelbaren Animusbildes zu perpetuieren. Die psychischen Energien können dann nicht mehr im Sinne einer neuen Entwicklung weiterfließen, sie werden gestaut und fangen an, ins Unbewusste zurückzufluten. Es kommt zu einer Regression, wodurch die verdrängte Naturhaftigkeit zu einer übersteigerten, negativen Wirkung unterhalb der Bewusstseinsschwelle kommt. Der alte Impuls, der auf unserer Freskenfolge als Böckchen symbolisiert ist, erhält einen übergroßen Zustrom an Energien, so dass er drohend anwächst und sich erhitzt. Wo aber das Böckchen steht, da ist immer auch das Zicklein in der Nähe und auch dieses wird durch die Regression störend und negativ.

Es gibt in der Entwicklung vieler moderner Frauen eine Phase, in der man den durch eine solche Regression bewirkten schädlichen Einfluss von »Böckchen« und »Zicklein« deutlich bemerken kann. Durch das »Böckchen« einerseits, das den untermenschlichen Aspekt des Animus repräsentiert, können in solchen Fällen die geistigen Tätigkeiten an sich hoch entwickelter Frauen von einem schwelenden unterirdischen Feuer durchsetzt erscheinen. Sie werden fieberhaft und haben etwas Erschöpfendes. Andererseits drängt sich aber auch der naturhafte Eros, der im Zicklein unserer Fresken symbolisiert ist, auf eine unnatürliche und zwanghafte Art in ihr geistiges Leben. Die Erotik einer solchen Frau nimmt gewissermaßen die falsche Richtung, nämlich über die Natur hinaus, so dass sie leblose, fühllose Arme nach dem verhüllten Geheimnis des Schöpfergeistes ausstreckt und sich vergreift. Eine animusbesessene Frau ist immer auch ihrem abgespaltenen Eros ausgeliefert – oder besser gesagt – sie wird hin- und hergerissen zwischen dem sie beherrschenden Geist und einer zwanghaften unbewussten Erotik. Im Mittelalter drückte sich dieses Phänomen in der Phantasie der Männer von der Unzucht der Hexen mit den Dämonen aus.

Wir müssen diese Dinge erwähnen. Wenn wir auch den Konkretismus und Negativismus des Mittelalters in Bezug auf die Manifestationen des Unbewussten nicht mehr teilen, so gehören sie doch wesentlich zur Problematik der Frau. Sie sind aber auch für die Männer wichtig zu wissen, weil auch sie durch die Anima an einer entsprechenden Problematik teilhaben. So, wie Frauen animusbesessen sein können, so können Männer animabesessen sein und dann geht für sie die Türe zur Hexenküche ebenfalls auf, wie es z.B. der erste Teil von Goethes »Faust« in der Gretchen-Tragödie schildert.

Wissenschaftlich gesprochen bedeutet Animus- oder Animabesessenheit, wie schon gesagt, eine Identifikation mit dem gegengeschlechtlichen Seelenbilde, und, da dieses einen archetypischen Charakter hat, gleichzeitig auch eine Inflation. Dies ist die große Gefahr, in der während des Individuationsprozesses auch für den modernen

Menschen alles auf Messers Schneide steht. Wenn das persönliche Ich mit dem Seelenbild in eins gesetzt wird, ist das Bewusstsein schutzlos vom überirdisch-unterirdischen Licht des Selbst geblendet. Dann kann man nicht wissen, was dem Menschen passieren wird. C. G. Jung hat dies mit Nachdruck festgestellt, z.B. in seinem grundsätzlich wichtigen Aufsatz *Über das Selbst*,[44] wo er sagt:

> »Ich möchte nur erwähnen, dass je mehr und je bedeutungsvollere Inhalte des Unbewussten dem Ich assimiliert werden, desto mehr nähert sich Letzteres dem Selbst an, wenn diese Annäherung auch nur unendlich sein kann. Daraus entsteht unweigerlich eine Unterdrückung und zugleich eine Inflation des Ichs (Manapersönlichkeit). Jeder, der mit solchen Fällen zu tun hat, weiß, wie lebensgefährlich eine Inflation sein kann. Zum Totfallen kann eine Treppe oder ein glattes Parkett genügen. Neben dem Motiv des *casus ab alto*, dem Fall aus der Höhe, gibt es noch andere, nicht minder unangenehme psychosomatische und psychische Motive zur Reduktion der ›Aufgeblasenheit‹. Man möge darunter ja nicht einen Zustand bewusster Anmaßung verstehen. Darum handelt es sich längst nicht immer. Man ist sich dieses Zustandes überhaupt nicht bewusst, sondern kann bestenfalls dessen Vorhandensein aus Symptomen indirekt erschließen. Dazu gehört auch das, was die nähere Umgebung über uns zu befinden hat. Die Inflation vergrößert nämlich den blinden Fleck im Auge und je mehr wir vom projektionsbildenden Faktor integrieren, desto größer wird unsere Neigung zur Identifikation mit diesem. Ein deutliches Symptom hierfür ist die dann eintretende Isolierung gegenüber der Umgebung und die damit verbundene Abgeneigtheit, deren Reakionen wahrzunehmen und in Betracht zu ziehen.
>
> Es ist als eine psychische Katastrophe zu werten, wenn das Ich vom Selbst asssimiliert wird. Das Selbst verharrt im Unbewussten bis auf jene größeren oder kleineren Teile, die vom Bewusstsein aufgenommen werden. Es hat daher einerseits

> Anteil an der archaischen Natur des Unbewussten, anderseits befindet es sich im psychisch relativen Raumkontinuum, das für Ersteres charakteristisch ist. Beide Eigenschaften sind numinos und daher unbedingt bestimmend für das Ich-Bewusstsein, das differenziert, d.h. vom Unbewussten geschieden ist und sich zudem in einem absoluten Raum und in einer absoluten Zeit befindet. Das ist eine vitale Notwendigkeit. Gerät daher das Ich für eine gewisse Zeit unter die Kontrolle irgendeines unbewussten Faktors, so wird seine Anpassung gestört und damit allen möglichen Zufällen Tür und Tor geöffnet. Die Verankerung des Ichs in der Bewusstseinswelt durch möglichst genaue Anpassung ist daher von nicht zu unterschätzender Wichtigkeit. Hierfür sind auf der moralischen Seite gewisse Tugenden wie Aufmerksamkeit, Gewissenhaftigkeit, Geduld etc. und auf der intellektuellen Seite genaue Berücksichtigung der Symptomatik des Unbewussten und objektive Selbstkritik von größtem Belang.«

Diese sehr konzentrierten Ausführungen sind nicht leicht zu verstehen, sie drücken aber in der wissenschaftlichen Sprache der modernen Psychologie genau das aus, was wir in der symbolisch-mythologischen Sprache unserer Freskenfolge gesehen haben. Die Abbildung des antiken Einweihungsweges zeigt uns, wie es aussieht, wenn Inhalte des Unbewussten dem Ich assimiliert werden.

In der siebten Szene wird die Initiandin als eine dem Selbst Angenäherte dargestellt, indem sie direkt vor dem gottgleichen Bilde der Schwingenwiege kniet. Ihre Inflation ist dadurch wiedergegeben, dass sie dabei als eine enthusiastische Seherin – oder in der antiken Terminologie – als ein pneumatischer Mensch erscheint. Sie erlebt sich als Manapersönlichkeit wie der verzückte Silen der dritten Szene.

Wichtig ist in diesem Zusammenhang C. G. Jungs ausdrückliche Feststellung, dass in diesem Zustand der Inflation keine bewusste Anmaßung zu verstehen sei. Das ist in der Darstellung der siebten Szene so wenig der Fall, wie bei so vielen modernen Frauen, die im Laufe des Individuationsprozesses über der imaginativen Schau, die ihnen der Animus vermittelt, aufgeblasen werden. Wie Jung sagt, kann man sich einer Inflation überhaupt nicht direkt bewusst werden.

Die Initiandin der siebten Szene rutscht sozusagen auf den Knien – in einem Erschöpfungszustand – in die Inflation ihrer Kreuztragung hinein, weil sie den Priesterinnen, die ihr helfen wollen, nicht zuhören kann. Sie ist unfähig, deren Zuspruch einfach auf Treu und Glauben anzunehmen.

Für den modernen Menschen ist dies in noch viel höherem Maße der Fall. Wir können auch nicht mehr einfach glauben. Die Fähigkeit des blinden, kindlichen Glaubens ist den meisten modernen Menschen abhanden gekommen. Wir müssen uns, wie die Initiandin des pompejanischen Kults, die offenbar ein Geschöpf der Spätantike darstellt, das auch nicht einfach glauben konnte, bis an die Gefahrengrenze der Inflation führen lassen. Wir müssen selbst erfahren, dass es psychische Faktoren gibt, in denen zugleich mit der Macht und der tödlichen Gefahr auch die einzige Hilfe liegt, die wir für unsere Ganzwerdung brauchen. Einzig diese Erfahrung ist für sehr viele moderne Menschen überzeugend.

Die Gefahr der Inflation, die dabei erschreckend auftaucht, können wir dann, wie Jung ausführt, nur aus dem Vorhandensein von entsprechenden Symptomen erschließen. Solche Symptome sind in der siebten Szene unserer Fresken als die steife Unlebendigkeit der Initiandin dargestellt, – ein Phänomen, das sich auch bei modernen Frauen deutlich zeigen kann, z.B. als unsägliche Verbohrtheit oder als enthusiastische oder sogar melodramatische Überspanntheit, unter der der Körper sehr leiden kann.

Manche moderne Frau kann allerdings ebenso wie unsere Initiandin solche Symptome sehr geschickt unter einer Mütze verbergen, besonders wenn es ihr gelingt, dazu seelenvolle Augen zu machen. Aber die menschliche Umgebung reagiert auf solche Tarnungsversuche viel feiner, als sie in der Ahnungslosigkeit ihrer Überhebung denken mag, und weist die Äußerungen der Inflation mit Schrecken oder mit Beruhigungsversuchen zurück, so wie die beiden hinter unserer Initiandin stehenden Priesterinnen mit ihrem bedeutungsvollen Körbchen. Vielen modernen Frauen aber geht es dann ähnlich wie der Initiandin der siebten Szene: Sie können durch die Inflation allem menschlich-natürlichen Kontakt schon so entrückt und so isoliert sein, dass sie die Reaktionen und den freundlichen Zuspruch Außenstehender nicht mehr wahrnehmen.

Es bedarf dann eventuell eines Blitzes aus heiterem Himmel, der wie das geflügelte dionysische Pneuma der siebten Szene niederfährt, um den Menschen richtigzustellen und ihm schockartig die Einsicht in die moralische Notwendigkeit »gewisser Tugenden« – wie Jung sagt – beizubringen, die in einer Inflation das Rettende sind. Es ist ungemein vielsagend, dass die siebte Szene der pompejanischen Fresken zugleich mit der starken Störung und Verwirrung, die sie schildert, auch das moralische Problem in der Gestalt des dunkelgeflügelten Engels so deutlich in den Vordergrund stellt.

Der antike Einweihungsweg ist in diesem Sinne eine genaue Parallele zum Individuationsweg des modernen Menschen, der dabei auch immer vor fundamentale moralische Probleme gestellt wird. Aber es handelt sich dabei nie um die Moral, die wir schon kennen, nie um die Prinzipien unseres ethischen Bewusstseins, sondern um eine höhere und zugleich tiefere Moral, die, wie alles Rettende, aus dem Urgrunde der Seele selbst quillt. Und so, wie sie uns als Blitz oder unerwartet dunkler Flügelschlag einer Sophia zugetragen wird, müssen wir sie akzeptieren.

Der Darstellung der siebten Szene entsprechend ist die Tugend, die die Frau in der Gefahr der Inflation vor allem nötig hat und die wie eine neue, überraschende Erleuchtung auf sie eindringt, das Schamgefühl. Es ist gewiss überraschend, dass der dunkle Engel dieser Freske zugleich eine Verkörperung des Schamgefühls darstellt. Aber das ist typisch, denn die Tugenden, die wir für die innere Entwicklung nötig haben, können gar nicht anders als überraschend sein – sie sind eben diejenigen, die wir bewusst nicht besitzen.

Das müssen wir etwas ausführlicher bedenken. Die christliche Kultur hat das Schamgefühl, gerade in Bezug auf die Frau, so stark wie keine andere Kultur in den Vordergrund gestellt. Die weibliche Scham ist für das Christentum geradezu die fundamentale Tugend der Frau. Das bezieht sich vor allem auf den Körper und das Geschlechtsleben und ist im Laufe der Neuzeit beinahe krampfhaft ausgebaut worden, besonders im 19. Jahrhundert, als Christlichkeit immer mehr mit moralischen Qualitäten identisch wurde. Damals existierten die Menschen und besonders die Frauen gewissermaßen nur noch bis zur Taille und alles, was darunter war, wurde zu einem *arrheton* – einem unaussprechlichen heilig-unheiligen Geheimnis.

Das haben wir bis heute noch nicht überwunden und auch jene Frauen nicht, die aus Protest gegen die moralischen Vorschriften der Vergangenheit ins andere Extrem fallen und in Kleidung und Benehmen oft alles andere als verschämt wirken. Die meisten von uns sind noch weit von jener Natürlichkeit in Bezug auf das Körperleben und das Geschlechtsleben entfernt, die der orphische Mysterienkult durch die Wiederherstellung des Zickleins symbolisiert. Wir sind entweder zu rein, was sich etwa im Reinlichkeitswahn vieler moderner Frauen oder auch als Frigidität ausdrücken kann, oder zu unrein, was sich in der geradezu herausfordernden »Kriegsbemalung« sehr vieler sonst biederer Frauen zeigen kann.

Aber um all diese Probleme handelt es sich bei der Symbolik der siebten Szene nicht. Die dunkle Engelsgestalt erscheint der Initiandin als Personifikation des Schamgefühls dann, wenn sie einen extremen Punkt ihrer geistigen Entwicklung erreicht hat, wenn sie sich mit dem Animus identifiziert und im Begriff steht, sich am Geiste zu vergreifen. Es muss sich daher um ein Schamgefühl handeln, das sich auf die Manifestationen des Geistes bezieht. Dass es ein solches Schamgefühl gerade für Frauen geben könnte und müsste, das realisieren die meisten modernen Frauen so wenig, wie die auf den pompejanischen Fresken dargestellte orphische Initiandin.

Auch moderne Frauen können gerade in der entscheidenden Phase ihrer seelisch-geistigen Entwicklung von einer zwanghaften unbewussten Erotik getrieben werden, sich an das göttlich-dämonische Bild des Animus in heilig-unheiliger Schamlosigkeit wegzuwerfen wie eine babylonische Tempelhierodule. Die Einsicht, dass auch für die Frau die Tugend der Scham in Bezug auf das archetypische Bild des

Geistes notwendig ist, kann ihr, wenn sie dem mäßigenden Zuspruch wohlwollender Freunde nicht zugänglich sein kann, dann nur noch durch einen Gnadenakt des Pneumas zuteil werden.

Wir erinnern uns daran, dass der dunkle Engel der siebten Szene weibliche Züge trägt. In ihm steht der weibliche Aspekt des Dionysos, der essentiell einen doppelgeschlechtlichen Charakter hat, im Vordergrund und zwar so, wie Frauen ihn erleben. Gleichzeitig hat sich in dem Engel das Unten, d.h. der Abgrund der Zeugungskraft, der in dem verhüllten Phallus dieser Szene symbolisiert ist, in das Oben, d.h. in das göttliche Mitleid der Sophia verwandelt, deren Strafe und Zurechtweisung einen Akt höherer Liebe bedeutet. Eine Gestalt wie die des weiblichen Pneumas auf der siebten Szene, ist für das Bewusstsein der Frau furchterregend und dunkel, weil sie dessen Fassungsvermögen weit übersteigt. Sie überfällt die Frau wie ein Windeswehen oder wie herabschwirrende Vogelflügel, um ihr – wie Philo von Alexandrien es ausdrückte – das »überraschende Licht selbstgelehrter Weisheit« zu vermitteln, dass nämlich die wahre Liebe der Frau, auch ihre Liebe zum Geist, ohne Schamgefühl eine Vergreifung ist.

Für den Mann erhebt sich das Problem der Scham als einer Tugend, die zur inneren Entwicklung gehört, auf einer anderen, nämlich auf der natürlichen Ebene, wie sie durch die Symbolzusammenhänge der dritten Szene – die Faune und jungen Ziegen im Felswald – dargestellt ist. Die titanische Gier des Mannes muss zuerst zum Schamgefühl gegenüber der Göttlichkeit der Natur erzogen und gereinigt werden.

Auf geistigem Gebiet, auf dem der Mann anlagemäßig bewusster ist als die Frau, hat er das notwendige Schamgefühl eher von selbst. Damit meine ich allerdings nicht den Intellekt, der immer unverschämt ist, solange er nichts Höheres über sich anerkennt. Ich meine den Geist als Urphänomen, in dem die Ratio und das Irrationale schöpferisch vereinigt sind. Männer, in denen dieser Geist zur Wirksamkeit gelangt, haben oft eine natürliche Scheu, die Resultate ihrer schöpferischen Tätigkeit unvorsichtig oder unverhüllt preiszugeben. Sie drücken sich häufig zögernd oder geradezu kompliziert aus, um sich an den Geheimnissen des autonomen Geistes nur ja nicht zu vergreifen. Denken wir z.B. an den Philosophen Kant und seine äußerst schwierige Sprache. Diese ist ein Zeichen seiner außerordentlichen geistigen Zurückhaltung. Oder denken wir an die abwehrende Vornehmheit, mit der Goethe die Arcana seiner Innenschau durch den Schleier hoher und eigenartiger Kunst der Welt verhüllt und im II. Teil des *Faust* als Testament überlassen hat.

Die Frau dagegen findet unter Umständen die entsprechende scheue Zurückhaltung gegenüber dem Animus und den Geheimnissen des Schöpfergeistes nicht in sich. Geistige Scham ist für sie in der Engelsgestalt des Pneumas verkörpert, die wir – psychologisch gesprochen – als die übergeordnete Persönlichkeit in der Frau oder im Sinne Jungs und Kerényis als das »göttliche Mädchen« bezeichnen können.[45]

Das »göttliche Mädchen« erscheint allerdings durchaus nicht immer in so reiner und hoher Gestalt wie auf unseren Fresken.[46] Wenn sich eine Frau als allzu rein, zu gut oder zu harmlos empfindet, kann dies auch hexenhafte Züge annehmen. Das »göttliche Mädchen« bringt gestalthaft immer das ein, was die Frau nicht ist und wovon sie nichts weiß. Wird die Frau hexenhaft, wie es bei einer Animusbesessenheit und der entsprechenden Inflation der Fall ist, dann erscheint es als eine Verkörperung himmlisch dunkler Keuschheit.

Grundsätzlich symbolisiert das »göttliche Mädchen« die rein weibliche Erlebnissphäre, die dem Mann immer fremd bleibt und zu der er nie Einlass findet, einfach, weil er ein Mann und also von der Frau grundverschieden ist. In genauer Entsprechung dazu hat auch die Frau keinen Zugang zur rein männlichen Erlebnissphähre. Wenn eine Frau, wie es leider oft der Fall ist, die Meinung hegt, sie könne einen Mann durch und durch bis in den hintersten Herzwinkel verstehen, so ist das ein Wahn, der aus dem animalischen Bezogenheitsbedürfnis des Zickleins hervorgeht und der zu oft zu einer sehr realen Vergreifung der Frau führt. In einen entsprechenden Wahn kann die Frau auch gegenüber dem Bilde des Animus verfallen und das ist dann ebenfalls verheerend, weil auch der Animus als männliches Bild von ihrer Weiblichkeit grundverschieden ist.

Die Geschlechter, die als Realitäten und als Bilder einander geschwisterlich, hochzeitlich verwandt sind und als Mann und Frau ein Paar bilden können, sind gleichzeitig als Urgegensätze auch ewig getrennt; sie stehen sich immer diametral gegenüber. Ist das eine licht, so ist das andere dunkel und *vice versa*; ist des einen Geist wie die Sonne, so ist des anderen Geist wie der Mond.

In der archaischen Frühzeit stand in den matriarchalen Gesellschaftsordnungen der Gegensatz zwischen Mann und Frau ganz im Vordergrund. Im klassischen Altertum spielte er in den großen weiblichen Mysterienkulten wie z.B. in Eleusis noch eine bedeutsame Rolle. Je mehr sich jedoch die Frau emanzipiert, so, wie es im Rom der Kaiserzeit und heute wieder der Fall ist, desto mehr wird der Urgegensatz der Geschlechter durch das gemeinsame Bewusstsein verwischt und dann entsteht die große Gefahr, dass eine Frau sich nicht nur an der Sphäre des Mannes, sondern unmittelbar am Schöpfergeiste vergreift. Im Erlebnis des Geistes steht die Frau immer in der passiven Rolle. Sie muss ihre mädchenhafte Verborgenheit bewahren, sonst verletzt sie ihr eigenes Gefühl und zugleich auch die übergeordnete Persönlichkeit in sich.

Achte Szene

Wir kommen nun zur achten Szene, die mit der siebten durch das den beiden Szenen gemeinsame Bild des Engels verbunden ist. Der Blick des Engels ist auf die erste Frauengestalt der achten Szene gerichtet und gegen sie erhebt er seine Gerte zum Schlag. Die achte Szene befindet sich aber nicht mehr auf der Schmalwand des Saales, sondern bereits auf der äußeren Längswand, in deren Mitte das Fenster ist.

Wir haben schon bei der Besprechung der fünften Szene zu zeigen versucht, dass die Geschehnisse, die auf der Schmalwand rechts und links von dem beherrschenden Bild des Dionysos und der Ariadne abgebildet sind, auf Vorgänge in einem innersten Heiligtum deuten. Die Abbildungen auf den beiden Längswänden dagegen scheinen auf Vorgänge in einem äußeren Heiligtum oder in einem Vorhof hinzuweisen. Aus psychologischer Sicht entspricht die hintere Schmalwand der Sphäre des kollektiven Unbewussten, so wie sie dem Menschen in der Symbolik religiöser Riten zugänglich ist, während der Vorhof des Mysterienortes eher einer persönlichen Sphäre entspricht. Jedenfalls handelt es sich hier um Vorgänge, an denen das menschliche Bewusstsein unmittelbar beteiligt wird.

Was die achte Szene betrifft, so schlägt hier der Engel aus der Verborgenheit des vom Gott beherrschten Mysterienraumes heraus gewissermaßen unsichtbar in die persönliche Sphäre hinein. Nun trifft das dionysische Pneuma die Initiandin. Die erste Gestalt der achten Szene ist hier wieder als eine Kniende dargestellt. Aber wie sehr hat sie sich verändert! Alles Steife, alles leblose Puppenhafte ist verschwunden. Innig belebt, fast göttlich schön in ihrer tiefen Bestürzung hat sie ihr Haupt mit den aufgelösten Haaren in den Schoß der hinter ihr sitzenden Priesterin gelegt, vorbehaltlos der eigenen Erniedrigung hingegeben. Sie ist aus dem innersten Heiligtum hinausgeworfen worden und nun ist sie von allem abgeschnitten, womit sie vorher verbunden war.

Nachdem sie in der vierten Szene aus der vielfältigen Bezogenheit zur Welt herausgerissen wurde, wie wir es im Zusammenhang mit der sogenannten erschrockenen Frau besprochen haben, scheint sie nun auch die Beziehung zum Seelenbilde und damit zum Geiste verloren zu haben. Kein Symbol für den Animus ist bei ihr zu sehen, er ist nicht mehr da. Aber sie hat dafür etwas gewonnen, nämlich erstens die Unterstützung durch die Priesterin, die sie in der siebten Szene noch achtlos verschmäht hatte, und zweitens ihren anrührenden, großen Schmerz. Und jetzt, wo sie ganz verzweifelt und dadurch ganz gelöst ist, trifft sie der dionysische Heilige Geist mit seinem Schlag.

Die enthusiastische aufgeblasene Seherin der siebten Szene wurde vom eindringenden Pneuma zurückgewiesen. Die Unglückliche aber in ihrem echten menschlichen Schmerz schaut der dunkle Engel an. Die Initiandin selbst scheint ihn der Darstellung gemäß nicht zu sehen. Ihre Augen sind nicht mehr übergroß aufgerissen, sie sind in Scham und Schrecken geschlossen. Die hinter ihr sitzende Priesterin jedoch schaut auf das Pneuma. Auch sie ist erschrocken, aber sie kann es aushalten und ruhig das tun, was ihres Amtes ist. Sie hat ihre linke Hand mütterlich schützend auf das wirre Haar der Initiandin gelegt und mit der rechten hat sie deren Gewand über dem Rücken ein wenig zur Seite geschoben, damit der Engel sie wirklich treffen könne. Sie spricht nicht und handelt auch nicht selbst; sie sorgt nur dafür, dass das Walten des Pneumas nicht gehindert werde.

Wie ich früher schon sagte, ist von gewissen Gelehrten der Peitschenschlag des Pneumas als eine Flagellation und damit als eine Tortur interpretiert worden. Es scheint mir, dass dies dem Sinne nach nicht stimmen könne. Wenn die achte Szene anhebt, hat der Engel schon gestraft, denn seine Züchtigung lag in seiner Abwendung und in seiner ablehnenden Geste gegenüber der Initiandin der siebten Szene. Die verzweifelte Frau der achten Szene ist also die Initiandin, die schon vor dem Schlag des Engels unter seiner Züchtigung gelitten hat. Dass er sie vom Göttlichen, das ihr doch so greifbar nahe schien, abgeschnitten hat, ist ihre Tortur. Das folternde Gefühl des Unwertes und der hilflosen Armut, mit der sie sich in den Schoß der Priesterin geworfen hat, das ist ihre Züchtigung.

Der Schlag des Engels, der sie in dieser schwierigen Lage erreicht, ist daher keine Tortur, er ist im Gegenteil die Verzeihung, die sie hier als ein überraschendes Licht selbstgelehrter Weisheit trifft. Erst, als sie selbst nichts mehr ist, kann sie alles erhalten, dann wird sie durch den Peitschenschlag des dionysischen Geistes erlöst. Der Schlag des Pneumas entspricht sozusagen einem Ritterschlag; er macht die Initiandin zur endgültig Eingeweihten und trägt sie »wie mit einem Schlag« ans Ziel der Initiation.

Die Voraussetzung dafür ist, kurz gesagt, dass sie sich von allem unterscheidet – oder von allem unterschieden werde, was sie nicht ist. Der Einweihungsweg hat in dieser Hinsicht ständig einen doppelten Sinn. Er fordert gleichzeitig Beziehung und Unterscheidung. Als in der 3. Szene für die Initiandin zunächst die Beziehung mit der gotterfüllten Natur hergestellt worden war, wurde sie gleichzeitig von ihrer Welt und deren titanischer Gier unterschieden. Als sie dann in der Katabasis die Beziehung zum geisterfüllten Reich der Toten aufnahm, wurde sie gleichzeitig von der naturhaften Erscheinungsweise ihres weltlichen Eros unterschieden. Sie starb allem ab, worin sie weiblich verwoben gewesen war. In der imaginativen Schau, bei der ihr der Führergeist wie eine Fackel voranging, lebte sie wieder auf, wurde dann aber durch die Herabkunft des Pneumas auch von diesem Führergeist unterschieden.

Die Initiandin der orphischen Einweihung macht also immer den gleichen doppelten Prozess durch, der z.B. in der indischen Weisheit der *Upanishaden* durch zwei sich ergänzende Ausdrücke wiederholt ausgesprochen wird. Der eine lautet: *tat tvam asi*, das bist du; und der andere: *neti, neti*, der sich übersetzen ließe als: Das bist du nicht.

Jetzt, in der achten Szene ist die Initiandin an einem Punkt angelangt, an dem sie alles erfahren hat, was sie nicht ist und wo ihr nichts übrig bleibt als das Gefühl großer Armut und fassungsloser Reue über die Vergreifung, die in der siebten Szene dargestellt ist. Diese Vergreifung war aber im Grunde gar nicht die erste gewesen. Wo ein Mensch unbewusst ist, da vergreift er sich immer. Solange eine Frau mit der Welt identisch ist, vergreift sie sich an ihr; solange sie mit dem Prinzip der Bezogenheit identisch ist, vergreift sie sich an Menschen und Dingen; und wenn sie sich mit dem Animus identifiziert, vergreift sie sich am Geiste. Die immer wiederholte Konstatierung: *neti neti*, das bist du nicht, ist ein wesentlicher Aspekt der Bewusstwerdung. Durch die erschütternde Einsicht, dass mangelnde Unterscheidung gleichzeitig eine Schamlosigkeit und eine Vergreifung bedeutet, wird der Ununterschiedenheit ein Ende gesetzt. Das ist die entscheidendste und grundlegendste Erkenntnis, die die Initiandin auf dem Mysterienwege erhält.

Gleichzeitig wird sie aber auch geradezu mit Macht in ihre tiefste Wirklichkeit hineingestürzt, nämlich in ihre eigene Weiblichkeit. Die zweideutige, gefährliche Belebung des Geschlechtes, die in der siebten Szene dargestellt ist, war eigentlich nur die Vorbereitung gewesen, dass sich ihr das Weibliche in seinem ganzen Umfang offenbaren könne, dass es über sie hereinbreche als die Sophia, die die Initiandin zwar auch nicht ist, die sie aber wie durch einen Peitschenschlag in die Grenzen der eigenen Weiblichkeit weist, damit sie bei sich bleibe und den männlichen Geist in sich selbst respektiere und damit auch in den Männern. Dann ist die Initiandin, die in der siebten Szene so hässlich war, von wahrer Schönheit erfüllt.

Es ist, als hätte der Maler darstellen wollen oder müssen, dass ein Mensch, der ganz in seiner tiefsten psychischen Wirklichkeit steht und sonst in nichts, auch wirklich schön ist.

Damit eine Frau lerne, in ihrer weiblichen Wirklichkeit fest zu stehen, scheint es der Darstellung unserer Fresken zufolge notwendig zu sein, dass sie eine andere Frau vollständig akzeptiere und ihr Vertrauen schenke, so wie unsere Initiandin es tut, wenn sie sich in den Schoß der hinter ihr sitzenden Priesterin wirft. Dieser Schritt kommt in unserem Einweihungsweg spät und wird durch eine derartig große Notlage erzwungen, dass wir daraus schließen müssen, dass es sich hierbei um etwas außerordentlich Schwieriges handelt. Noch in der siebten Szene hat die Initiandin den Zuspruch der Priesterinnen mit ihrem Körbchen nicht akzeptieren können. Sie hatte offenbar noch gemeint, sie könne es allein machen oder sie könne es in Anlehnung an das Bild des verzückten Silens oder in Anlehnung an das führende Bild des Animus machen. Es muss erst alles über ihr zusammenbrechen, bevor eine andere Frau ihr endlich hilfreich sein kann. Das muss näher betrachtet werden, denn es ist durchaus nicht selbstverständlich.

Beziehungen zwischen Frauen gibt es sehr viele, denn jede Frau braucht auf jeder Stufe ihrer Entwicklung die Bestätigung nicht nur durch Männer, sondern auch durch andere Frauen. Darum lieben Frauen es bereits, wenn sie jung sind, in den Elfenbeintürmen ihrer Animusmeinungen zusammenzusitzen und sich diese gegenseitig zu bestätigen. Sie unterhalten sich dabei mit Minne und mit Würde – jede eine liebenswürdige Livia. Sie lieben es, sich zu einer Herde Zicklein zusammenzuschließen und sich schmiegsam daran zu erbauen, wie die Musik der Sphären so wunderlich klingt und wie musikalisch sie alle sind. Auch in ihrem eigentlichen Animuserlebnis brauchen sie die Bestätigung anderer Frauen, wobei jede die leuchtende Fackel der anderen sorgfältig anerkennt. All solche Beziehungen zeichnen sich jedoch durch eine mehr oder weniger große Zweckhaftigkeit aus und die Frauen erschließen sich dabei im Grunde einander nicht oder nur so weit, wie es für einen bestimmten Zweck nötig ist.

Das kommt nicht etwa daher, dass sie sich nicht einander erschließen wollen. Es kommt daher, dass sie es gar nicht können, wenigstens nicht im Abendland. Seit der Zeit der Antike ist die abendländische Entwicklung vor allem durch den männlichen Geist geprägt worden und das Weibliche hat darin nur einen begrenzten Platz gefunden. Schon im alten Griechenland sind die Ausdrücke der ursprünglichen, nicht auf den Mann bezogenen Weiblichkeit, die die archaischen Matriarchate charakterisierten, als heilig-unheiliges Geheimnis auf kultische Verborgenheit beschränkt worden.

Das Christentum hat alles Weibliche, das nicht auf die Bedürfnisse des Mannes zugeschnitten war, unter dicken Schichten der Ablehnung vergraben. Gepflegt wurde nur das Bild der Mütterlichkeit in seiner christlich gereinigten Ausprägung als ein Ideal, dem jede Frau nachstreben musste. Die Weiblichkeit der Frau konnte sich also nur in einem sorgsam gerodeten Mariengärtlein als legitimem Aufenthalt sicher fühlen.

Natürlich hat es daneben die verschiedensten typischen Formen der weiblichen Bezogenheit auf den Mann und auf die Gesellschaft gegeben. Toni Wolff[47] hat diese Typik einmal in einem Aufsatz darzustellen versucht und dabei außer dem Typus der Mutter die Typen der Hetaira, der medialen Frau und der Amazone hervorgehoben. All das sind jedoch Typen weiblicher Bezogenheit auf den Mann und die Gesellschaft. Auch beim Typus der Amazone ist dies der Fall, denn auch hier ist die Bezogenheit, wenn auch im negativen Sinn, richtunggebend. Die Amazone ist gewissermaßen der Typus der weiblichen Emanzipation, die erst dann entsteht, wenn es schon männliche Kulturformen sich anzueignen gilt. Eine heutige Erscheinungsform der Amazone ist z.B. das, was man den burschikosen Typus nennen könnte, der, wie mir scheint, unter modernen Mädchen recht häufig vorkommt. Hier sieht man am besten, wie die Emanzipation, die in diesem Typus betont ist, bei aller Unabhängigkeit doch ganz auf männliche Kulturformen ausgerichtet ist.

All diese Typen sind in gewissem Sinne einseitig, weil sie nur die verschiedenen Möglichkeiten der Bezogenheit der Frau auf den Mann und auf die Gesellschaft darstellen. Wegen dieser Einseitigkeit werfen alle einen starken Schatten, in dem eine entsprechende Unbezogenheit als Negativum zum Ausdruck kommt.

Vom Typus der Mutter, der dem christlich geprägten Menschen der vertrauteste ist, wissen wir es am besten. Freud hat den Schattenaspekt der Mütterlichkeit im Begriff der »furchtbaren Mutter« prägnant erfasst.

Aber auch zu den übrigen derartigen Typen gehören entsprechende Schattenbilder. Zum Typus der Hetaira z.B., die – positiv gesprochen – gegenüber dem Mann die Liebende ist, gehört als Schattenbild der Typus der medialen Frau, die sich auf den psychischen Hintergrund des Mannes und der Gesellschaft bezieht. Dazu gehören auch die Schattengestalten jener üblen Medien, die nur Staub aufwirbeln oder gar schwarze Magie betreiben; und zum Typus der Amazone, in deren Emanzipation eine echte Entwicklungsnotwendigkeit der Frau liegen kann, gehört als Schatten die Willkürherrschaft eines angemaßten Matriarchats.

Keiner dieser Typen kann uns einen Eindruck davon vermitteln, wie es aussieht, wenn die Frau in ihrer Weiblichkeit rein und fest ruht; keiner kann uns einen Hinweis dafür geben, was dies bedeuten kann. In unserem pompejanischen Mysterienkult haben wir aber gerade für diese ganz in sich ruhende Weiblichkeit ein archetypisches Bild von tiefster Bedeutung und das ist nicht etwa – einfach gesagt – Ariadne, denn das wäre nicht zutreffend, sondern das Symbol reiner, in sich geschlossener Weiblichkeit ist nur die verlassene Ariadne – Persephone auf Naxos.

Erst diese verlassene Ariadne, die in der göttlichen Abgeschlossenheit der Insel ganz allein ist, erst sie ist die Mutter-Braut des göttlichen Vater-Bräutigams. Wir erinnern hier kurz daran, dass der Ariadne-Mythos erzählt, sie sei auf Naxos entweder von Artemis getötet worden oder habe sich in Verzweiflung über ihre Schuld selbst erhängt. Diese mythischen Zusammenhänge hat, wie ich schon früher sagte, Hoffmannsthal in seinem Drama *Ariadne auf Naxos* so dargestellt, dass sich Ariadne nach dem Tode sehnt. Als Dionysos naht, glaubt er, der Tod zu sein und Ariadne wirft sich ihm in die Arme. Die verlassene Ariadne auf Naxos ist eigentlich eine Tote, darum ist sie hier auch gleichbedeutend mit der Totenherrscherin Persephone. Es ist eine abgründige Symbolik, die zeigt, dass eine Frau gerade dann rein in ihrer Weiblichkeit ist, wenn sie ganz in sich stirbt.

Die Ariadne-Symbolik zeigt die tiefe Beziehung der Weiblichkeit zum Tode. Diese erfüllt sich nicht im Leben der Natur, nicht im Leben des Geistes, sondern im Lebendigwerden des Todes, so wie es der Mythos der verlassenen Ariadne symbolisiert. Auf archaischer und primitiver Stufe erscheint allerdings die tiefe Beziehung des Weiblichen zum Tod in der Projektion, weshalb Frauen bei Todesfällen immer eine besondere Rolle spielen, z.B. als Trägerinnen der Totenklage. In der Totenklage kann die Frau das Lebendigwerden des Todes für eine ganze Stammesgemeinschaft unermüdlich und völlig ausdrücken, sie ist hier in ihrem eigentlichen Element, denn sie ist dabei selbst vollständig erfüllt. Das war noch in den Zeiten der Antike so. In Rom z.B. wurde immer wieder versucht, die öffentlichen Totenklagen der Frauen, die zu den lärmendsten Festlichkeiten gehörten, durch Gesetze einzudämmen, aber es gelang nie. Die Totenklage kann manchmal zu einer dauernden Existenzform der Frau werden. Das ist z.B. in der Sage der Niobe vorbildhaft dargestellt. Man könnte zu diesem Phänomen noch vieles sagen; es drückt sich zu allen Zeiten und auf allen Kulturstufen auch in der geradezu innigen Beziehung aus, die naturhaft unbewusste Frauen zu Verstorbenen haben können, so dass ihnen diese manchmal wichtiger werden als die Lebenden.

Im Mythos der Pasiphae, in dem die ursprüngliche matriachalische Gesellschaftsordnung in ihrer erdhaft paradiesischen Unschuld symbolisiert ist, findet das gleiche Phänomen einen sehr merkwürdigen Ausdruck. Der Gatte der Pasiphae, Minos, spielt, solange er lebt, im Mythos kaum eine Rolle. Daher kann irgendein Sonnenstier, von dem man sonst nichts weiß, Pasiphae begatten. Als sie den Minotaurus gebiert, ist dieser längst wieder verschwunden, denn auch er ist nicht wichtig. Minos selbst gelangt auch dann zu keiner Bedeutung, nachdem er mit Pasiphae die beiden menschlichen Töchter, Ariadne und Phaidra, gezeugt hat. Erst nach seinem Tod wächst seine Gestalt zur wahren Größe; er wird gemeinsam mit seinem Bruder in der Unterwelt zum Totenrichter und erst dann, als Toter, ist er der gleichwertige Partner der ewig lebendigen Pasiphae.

Jung sagt am Schluß des Buches *Das göttliche Mädchen*, dass in einer matriarchalen Gesellschaftsordnung der Mann zwar ein unumgänglicher, aber im übrigen störender Faktor sei. Das entspricht dem Urzustand der weiblichen Erdhaftigkeit und es muss zuerst ein gewisses Bewusstsein dämmern, bevor die Frau den Mann als lebendigen Partner und ihn für ihre weitere Bewusstseinsentwicklung als notwendig erkennt. Aber auch dann kann der Mann als Lebender wieder zu einem störenden Faktor werden. Das ist beispielsweise in dem Mythos der Pasiphae-Tochter Phaidra dargestellt, die Theseus auf dem Wege nach Athen folgt und dort seine Königin wird. Wenn aber ihr eigenes weibliches Leben in ihrer blinden triebhaften Liebe zu Hippolythos wieder durchbricht, spielt Theseus für sie nur noch insofern eine Rolle, als sie ihn matriarchalisch benutzen kann, sonst ist er nicht mehr wichtig. Mit der erwachten Weiblichkeit bricht auch der

Tod in ihr durch: Sobald sie ihre Absichten durchkreuzt sieht, tötet sie sich und stirbt unbedenklich, weil dann der aktuelle Tod ihre einzige Erfüllungsmöglichkeit ist.

In der Geschichte der Medea, die ich früher erzählt habe, ist die Entwicklung eine ähnliche. Dort steht das Motiv der Projektion durchwegs im Vordergrund. Zuerst projiziert Medea das Bild des erlösenden Helden auf Jason, dann projiziert sie auf ihn alle, auch die eigene Schuld. Sie tötet seine neue Gemahlin, ihre Kinder und damit auch ihn, um in diesen Toten und in allem den Tod, den sie als schwarze Magierin weiterhin ausstreut, die eigene Erfüllung in der Projektion zu erleben.

Die mythischen Frauengestalten, die aus der Familie des alten Helios und der Pese stammen, symbolisieren Entwicklungsstufen der Weiblichkeit, von der jede Frau in ihrem Rahmen und auf ihre Weise etwas in sich enthalten kann. Auch jetzt lebende Frauen haben eine Phase zu durchleben, in der sie den Mann wie eine archaische Matriarchin als einen Störfaktor empfinden, entweder, weil ihnen ihre Mädchenschaft geraubt wurde, weil sie ungewollte Kinder geboren haben oder weil ihre unbewusste Erdhaftigkeit durch männliche Einflüsse auf andere Weise gestört wurde. Sie reagieren dann mit großen Widerständen gegen einen bestimmten Mann oder gegen die Männer allgemein.

Solche Frauen erleben ihre Weiblichkeit als etwas völlig Passives, was sie in gewissem Sinn auch ist, und vergessen darüber, dass sie selbst auch Bewusstsein haben, durch dieses aktiv werden und also in allem und jedem die Mittäterinnen der Männer waren und sind. Viele jetzt lebende Frauen können unter Umständen auch wie Medea alle Schuld der Welt auf die Männer projizieren. Daher rührt es beispielsweise, dass das wirkliche Unrecht, das im christlichen Mittelalter den Frauen angetan wurde, noch heute von einigen Frauen verbittert weitergelebt wird. In all solchen Fällen rückt der Tod in die Nähe selbst der modernen Frau, wenn auch nicht mit der Monumentalität der alten Mythen, aber doch mit der gleichen Bedeutung einer Erfüllung, die, statt im eigenen Inneren, außen angestrebt wird.

Der Ariadne-Mythos dagegen führt über diese ganze Problematik hinaus. Wie ich früher bereits sagte, trägt die verlassene Ariadne auf Naxos auch den Namen Aridela, d.h. die Klarwerdende. Was zuerst klar wird auf Naxos, ist Ariadnes eigene Schuld. Diese erscheint im Ariadne-Mythos nicht als projiziert, sondern wird auf Naxos durchlitten und durch den Tod gesühnt. Dann wird klar, dass die Heroin in diesem Tod zu einer Göttin wird: Verlassen von allem Leben ist sie groß wie die unterirdische Persephoneia. So, als Tote, ist Ariadne die Verkörperung des weiblichen Prinzips an sich. Eine gewisse Entsprechung zu diesem Bild ist die weiße Frau der Alchemie. Während der rote Mann, ihr Bruder und Bräutigam, die warme Farbe des Lebens trägt, erscheint sie in der gespenstischen kalten Farbe des Todes. Manchmal bringt sie auch den Tod, wie in der alchemistischen Fabel von *Arisleus und Beja.*[48]

Jungs Aufsatz in dem Buch *Das göttliche Mädchen* enthält einen modernen Traum, der die Ariadne-Symbolik sehr schön verdeutlicht. Ich führe nur den Schluß wörtlich an. Der Traum handelt von einer Tänzerin, die sich im Tanz in die verschiedensten Gestalten verwandelt. Immer weiter tanzend ist sie » ... jetzt nackt und reißt sich sogar die Haut vom Leibe; schließlich fällt sie als nacktes Gerippe hin. Dieses wird begraben, aber nachts wächst aus dem Grabe eine Lilie und aus deren Kelch steigt eine weiße Frau, die langsam zum Himmel schwebt.«

Hier haben wir die gleiche Wandlung und Klärung, wie im Mythos der Ariadne, die man auf Naxos auch eine Begrabene nennen könnte. Das nackte Gerippe ist ein abschreckendes Bild; wenn man es aber unvoreingenommen betrachtet, ist es von großer Bedeutsamkeit. Das Gerippe des Menschen ist das Unzerstörbare in ihm; es kann Jahrhunderte, ja sogar Jahrtausende intakt überdauern. Überdies verleiht es dem Körper seine typische Form und Festigkeit.

Das Gerippe ist also das Unzerstörbare und Formgebende im Menschen. Eine Tote, die gleichzeitig auch lebendig ist, ist ein ähnliches Symbol. Ein Mensch, der schon tot ist, kann nicht mehr sterben und wenn er im Tode, wie Ariadne, göttlich lebendig wird, so hat er damit eine dauernde, unvergängliche Lebendigkeit erlangt. Das nackte

Gerippe oder die lebendige Tote ist die unzerstörbare ewige Gestalt, der die Wandlungen des Lebens nichts anhaben können.

Die Ideen des Dauernden, des Formgebenden und Festigkeit Verleihenden – das alles sind Ideen, die zum archetypischen Bild des Selbst gehören. Das Symbol des nackten Gerippes oder der göttlich lebendigen Toten sind somit Erscheinungsformen der weiblichen Seite des Selbst. Die verlassene Ariadne, so wie sie sich auf Naxos als Tote enthüllt, ist die Verkörperung des weiblichen Prinzips, das in der *conjunctio* mit dem männlichen Prinzip die Ganzheit des Selbst ist. Das gleiche wird auch in der alchemistischen *conjunctio* dargestellt. Im Ariadne-Mythos sehen wir, wie in dem Augenblick, in dem sich das weibliche Prinzip enthüllt, es schon nicht mehr allein ist; Dionysos, in diesem Fall die Verkörperung des männlichen Prinzips, vereinigt sich mit ihm in heiliger Hochzeit und dann, so sagt der Mythos, fließt der Wein.

Dionysos und Ariadne sind in ihrer Vereinigung auf Naxos ein Paar, ähnlich dem indischen Paar Shiva und Shakti. Ich verweise hier nochmals auf das römische Relief der Hochzeit auf Naxos,[49] dessen Darstellung sich dem Sinne nach ohne weiteres mit Bildern von Shiva und Shakti vergleichen lässt. Beim indischen Paar trägt das männliche Symbol den Charakter des Todes; Shiva ist ein Totengott, Shakti ist das Leben. Bei der Vereinigung von Dionysos und Ariadne, sind beide zugleich der Tod und das Leben. Diese mythische Darstellung ist für uns darum interessant, weil sie zeigt, dass auf der weiblichen Seite zuerst der Tod als letzte Erfüllung durchbrechen muss. Bei Mythen, die in erster Linie der männlichen Psychologie entsprechen, ist das Umgekehrte der Fall. Dort erscheint der Tod als Prozess im männlichen Symbol. Ein Beispiel dafür ist der Mythos des Osiris.

Was bedeutet in diesem Fall das Symbol des Todes? Der Tod steht im Gegensatz zu allem menschlichen Leben und ist das, was der Mensch nicht erkennen kann. Der Tod ist jenseits der Grenze, die dem gewöhnlichen Bewusstsein gesetzt ist und ist ihm ein ewig undurchschaubares Geheimnis. Im Gegensatz zum Bewusstsein des Lebendigen symbolisiert der Tod das Mysterium der unbewussten Psyche, die als Zentrum das vereinigende Symbol in sich enthält, das

Selbst, in dem alle Gegensätze des Männlichen und des Weiblichen, des Todes und des Lebens in unbegreiflicher Ganzheit beisammen sind. Das Bild dieser Vereinigung wohnt, wie ein Versprechen, in der Seele jedes Menschen und wird von der Imagination überall und zu allen Zeiten als ein Trost in den Wechselfällen des Lebens und als eine Zielvorstellung belebt.

Um wieder zur Gestalt der Ariadne zurückzukehren, ist sie die Zielvorstellung für die Frau. Gleichzeitig bildet sich in ihrer Gestalt aber auch der Weg zum Ziel ab, der in einen Tod mündet, d.h. in eine Situation, in der das Bewusstsein und hauptsächlich auch alles Persönliche, das von der Frau so überragend wichtig genommen wird, keine Rolle mehr spielt. Dieser Zustand ist es eigentlich, den die Frau ersehnt, wenn sie sich mit dem Problem des Todes, mit der Erinnerung an Verstorbene oder mit Ideen über das Leben nach dem Tod so intensiv abgeben kann. Etwas in ihr sehnt sich immer danach, sich dorthin zu begeben, wo nichts Persönliches mehr eine Rolle spielt. Das ist der Tod, den sie vorahnend schon in der Vergänglichkeit der Welt begrüßt, denn etwas in ihr spürt, dass dann der Wein zu fließen beginnt. Was früher der unüberbrückbare Gegensatz zwischen dem Licht des Tages und der Finsternis der Nacht war, durchdringt sich in diesem Tode zu einem seligen Dämmerscheine, aus dem der Gott einen kleinen ernsten Silen, einen Gnom, einen hilfreichen Geist mit einem Tropfen süßen Weines nach vorne schickt. Alle Probleme lösen sich, weil vom Bewusstsein gar keine Lösungen mehr angestrebt werden können. Das Leben kommt dann ganz aus der unbewussten Psyche wie ein duftender Hauch des Selbst hervor.

Nach der orphischen Anschauung muss eine Frau, die dieser Erlösung – vom Persönlichen, könnte man sagen – zustrebt, den Weg gehen, den der Gott ihr vorbildlich vorgelebt hat. So ist es auch auf den Fresken der Villa dei Misteri dargestellt, aber auf eine unerwartete Weise. Zuerst dient das Schicksal des Zagreus als Vorbild; der Tod und die Wiedergeburt des Dionysos wird von der Initiandin nacherlebt. Aber in dem einschneidenden Augenblick der siebten Szene, in dem alles in der Schwebe ist, wandelt sich das Vorbild unversehens. Die Herabkunft des dionysischen Pneumas rettet die Initiandin im

Grunde dadurch, dass es ihr zeigt, dass jetzt das weibliche Vorbild wegweisend ist. Von der eindringenden Weisheit erleuchtet und bezwungen, folgt die Initiandin diesem Vorbild und in der achten Szene hat sie, wie Ariadne, ihr Naxos erreicht.

Man kann sich dabei fragen, wodurch sie in Wirklichkeit bezwungen wurde oder wie es in der Realität aussehen könnte, wenn das dionysische Pneuma eine orphische Initiandin berichtigt. Wir wissen darüber natürlich nichts, wir können nur eine Vermutung äußern, die vom psychologischen Standpunkt aus vielleicht fasslich erscheint. Wenn die Gegensätze im Symbol des wirkenden Selbst vereinigt werden, dann sind nicht nur Leben und Tod, sondern auch die Realität und die psychische Wirklichkeit ausgesöhnt. Das Außen und das Innen werden dann nicht mehr als einander fremde Domänen erlebt.

Es ließe sich vermuten, dass die Initiandin in der Inflation, die die siebte Szene darstellt, etwas erlebte oder besser gesagt, dass ihr etwas geschah, das, um Jungs Worte aus seinem Aufsatz *Über das Selbst* zu zitieren, einem *casus ab alto*, einem Fall aus der Höhe glich, durch den ihre Aufgeblasenheit reduziert wurde. Das erscheint vom psychologischen Standpunkt aus plausibel. Die »Erlösung«, oder modern gesagt die Selbstwerdung, ist ja in der Tat etwas, das man nicht einfach durch fleißiges Imaginieren oder durch tiefschürfende Innenschau erwerben kann. Wann immer das Selbst für den Menschen »wird«, geschehen die Dinge außen und zugleich innen; nicht nur der Mensch, auch sein Leben wandelt sich. Der dionysische Heilige Geist weht nicht nur die Köpfe oder bestenfalls die Herzen des Menschen an, er weht in der Natur und selbst in den leblosen Dingen, er ist psychische Wirklichkeit, die gleichzeitig außen und innen erfahren wird.

Das Naxos der Initiandin ist dann das äußere Heiligtum, wo sie von der Priesterin empfangen wird. Dass die Erfüllung der Initiandin hier und nicht im innersten Heiligtum geschieht, ist ein treffendes Symbol dafür, dass die Mysterienweihe nur in der eigenen Wirklichkeit der Initiandin zum Abschluss kommen kann. Das menschliche Bewusstsein muss an die inneren Vorgänge angeschlossen werden und sich mit voller Verantwortung daran beteiligen. Dies aber ist ein schwerer Schritt; er schließt das Offenbarwerden der verborgensten Gedanken, die durch das aufgelöste Haar symbolisiert werden, Reue, Scham und auch Verzweiflung darüber ein, dass die Vergangenheit tot ist und es nie mehr so sein kann wie zuvor.

Der Zustand der Verlassenheit und des Todes, der dem Naxos der Ariadne gleicht, ist auch der unerbittliche Verzicht auf alle Wünsche, die die Frau einmal hegte, auf alle Sehnsüchte, die ihr teuer waren, auf alles Streben, das sie beflügelte. Es ist in der Tat ein Abschied von allem Persönlichen. Diesen Abschied muss sie in der persönlichen Sphäre des äußeren Heiligtums erleben, weil sie ihn persönlich wichtig nehmen und als verbindlich akzeptieren muss. Zu diesem Tod muss sie nun sagen: Das bin ich.

Allein könnte eine Frau diesen schweren Schritt wohl nicht tun. Sie muss wissen, dass es Frauen gibt, die ihr vorausgegangen sind und daher ihre schwere Lage in diesem Augenblick würdigen können. Diese Rolle spielt in der achten Szene die Priesterin, in deren Schoß sich die Initiandin geworfen hat. Sie ist die dritte Frauengestalt, die mit der Initiandin eine Beziehung zwischen Frau und Frau verkörpert, die religiösen Charakter hat und nicht durch Zweckhaftigkeit bestimmt wird oder der gegenseitigen Bestätigung dient.

Die erste war die Priesterin der ersten Szene, jene Hymnodidaskale, in deren Gegenwart die Initiandin über die Theorie des Kultes belehrt wurde. Diese war also eine Lehrerin. Sie hatte aber die Initiandin nicht persönlich belehrt und ihr kein eigenes Wissen vermittelt, sondern hatte nur darauf geachtet, dass sie die Botschaft des Gottes durch den Mythos richtig empfing.

Die zweite derartige Frauengestalt war die Oberpriesterin der zweiten Szene. Diese hatte die Initiandin durch die höhere Mütterlichkeit, in der sie als Vertreterin der Kybele stand, den Weg nicht etwa nach oben, sondern nach unten in die Göttlichkeit der Natur gewiesen. Sie hatte ihr den Weg eröffnet, der jeder Frau in ihrem religiösen Instinkt gegeben ist. Auch sie war nicht persönlich auf die Initiandin bezogen; sie hatte nicht diese, sondern nur den Weg vor Augen gehabt.

Die Priesterin der achten Szene verkörpert nun, wie schon gesagt, die Frau, die der Initiandin bis ans Ziel der Einweihung vorangegangen ist und ihre Lage würdigen kann. Auch sie tut dies ganz unpersönlich. Sie bedeckt die Verwirrung der Initiandin mit dem Mantel der Liebe, indem sie die Hand auf das aufgelöste Haar ihres Schützlings legt. Sie schaut nicht die Initiandin, sie schaut das dionysische Pneuma an und bezieht von da ihre Leitung. Sie versucht also nicht, sich in die Leidende weiblich einzufühlen oder sie zu verstehen, denn das ist etwas, das niemand kann. Die wesentlichen Vorgänge einer Initiation sind zwar archetypische Phänomene, aber jeder einzelne Mensch erlebt sie auf individuelle Weise.

Die Priesterin der achten Szene tut dies auf eine sehr merkwürdige und bescheidene Weise. Sie hat nun die gleiche Mütze an wie die kniende Frau der siebten Szene und hat einen zwar weniger stark betonten, aber doch ähnlich starren Ausdruck in den Augen wie diese. Das heißt: Die Priesterin zeigt der Leidenden durch ihre Erscheinung, dass sie durch die gleichen Irrtümer hindurchgegangen ist wie die kniende Büßerin. Sie ist ihr ähnlich, denn auch sie ist eine Geschlagene. Indem sie sich in ihrer irrenden Menschlichkeit zeigt, wird sie der Initiandin zu Trost und Hilfe. Sie geht ihr voran, nicht mit Überlegenheit, sondern als eine, die den Weg schon gegangen ist.

Eine ähnliche Gestalt wie diese Priesterin der achten Szene findet sich in den Metamorphosen des Apulejus.[50] Nachdem dort der Myste Lucius in die Mysterien der Isis eingeführt worden war, erhält er in einem Traum die Weisung, den Priester zu suchen, der ihn in die höheren Mysterien des Osiris einführen könne. Er sucht diesen Priester und entdeckt ihn als einen hinkenden Mann mit einem verrenkten Fuße. Derjenige, der dem Mysten Lucius das Beste vermitteln kann, ist also einer, der einmal zu weit gegangen ist und einen Fall getan hat. Nach der Anschauung dieser antiken Mysterien ist demnach nicht derjenige der reifste Mensch, der überlegenes Wissen hat und recht tut und gut ist, sondern derjenige, der gelernt hat, aus schmählichem Irren die rechte religiöse Erfahrung zu ziehen, zur rechten Zeit und am rechten Ort.

Nach der Darstellung unserer Freskenfolge findet die Initiandin durch Irrtum und Fall die eigene weibliche Wirklichkeit, denn sie folgt dabei dem Vorbild der Ariadne und hat dadurch wie diese ihr Naxos gefunden. Damit steht sie nun ganz in der weiblichen Dunkelheit, die für uns durch die Lichthülle der Jungfrau Maria ein fremder, sogar abstoßender Begriff geworden ist. Um ein objektives Beispiel dafür zu finden, müssen wir zum alten China schauen, wo das Weibliche ohne negative Wertung auch als dunkel gesehen wurde. Es wird dort als Yin oder die Schattenseite des Berges bezeichnet.

Dem entspricht auch Ariadne; denn sie ist keine lichte Gestalt. Sie ist die dunkle Tochter der Pasiphae und auch im Klarwerden bleibt sie dunkel. Sie ist keine himmlische Herrscherin, wie die Jungfrau Maria. Ihre Gestalt reicht bis in die labyrinthische Tiefe des Minotaurus, ihres Halbbruders. Darum ist sie auch der dunkeln Form des Dionysos, dem Stiergott, von Anfang an vertraut. Diese Zusammenhänge muss man im Auge behalten, weil man sonst die Gestalt der Ariadne-Persephone auf Naxos im christlichen Sinn idealisierend mißversteht.

Ariadne ist kein oberes, sondern im Gegenteil ein unteres Ideal und es ist für das Verständnis unserer Fresken wesentlich, dass gerade die Tiefe, die sie verkörpert, für die Initiandin des orphischen Kultes der Ort der Erfüllung und der Erlösung ist. Auf verborgene Weise ist Ariadne als Pasiphaetochter und Schwester des Minotaurus der bescheidenen Gestalt der Baubo, so, wie diese in Eleusis erscheint, nah verwandt.

Die Erdhaftigkeit, die Ariadne dunkel macht, ist in der Gestalt der Baubo vermenschlicht und daher von einem urwüchsigen Humor durchstrahlt. Wenn der Humor der Baubo vor der trauernden Demeter tröstlich aufleuchtet, so ist dies eine dionysische Erfüllung und Heilung, deren Gegenstück im Ariadne-Mythos die Epiphanie des Weines ist. Die weibliche Tiefe, die sowohl in Ariadne wie auch in Baubo personifiziert erscheint, ist, sobald sie klar wird, beschwingt und beschwingend. Dieser Schwingung naht sich der Geist, ihr schmiegt er sich an. Im dunklen Prinzip der weiblichen Gestaltung verwirklicht sich das schöpferisch männliche Prinzip.

Die Beschwingtheit, die aus der weiblichen Tiefe als Erfüllung und Heilung quillt, zeigt sich in der achten Szene der pompejanischen Freskenfolge in der schlagartigen Wandlung von den beiden ersten zu den beiden letzten Gestalten. Die dritte und vierte Gestalt der achten Szene sind beschwingt. Eine nackte Frau reckt sich tanzend und schwebend nach oben. Sie kehrt dem Beschauer den Rücken zu, während eine schön gekleidete Frau, die in den Einweihungssaal hineinschaut, einen Thyrsosstab in der Hand haltend die Nackte umkreist.

Diese beiden Gestalten sind übereinstimmend von allen Gelehrten als die Darstellung einer *deificatio*, d.h. einer Vergöttlichung interpretiert worden, die in manchen antiken Mysterienkulten den Abschluss bildete, wobei die Mystin oder der Myste zu göttlichem Glanz erhöht erschien und gefeiert wurde. So ist der Schluss der Einweihung auch in den Metamorphosen des Apulejus dargestellt, wo der eingeweihte Lucius »als Bild der Sonne geschmückt ... gleich einer Bildsäule« vor dem Volke steht.[51]

Ganz gewiss ist es richtig, dass die beiden letzten Gestalten der achten Szene in diesem Sinne als *deificatio* zu erklären sind. Es fragt sich nur, was oder wer dabei vergöttlicht erscheint. Um das zu verstehen, müssen wir uns an die Lehre der orphischen Einweihungskulte halten, die in dieser Hinsicht unmißverständlich ist. Das Ziel des orphischen Mysterienkultes ist keine Vergöttlichung des Menschen, sondern die endgültige Befreiung des dionysischen Funkens, der unsterblichen Seele des Menschen und deren Vereinigung mit Dionysos. Dementsprechend muss die nackte, aufstrebende Gestalt der achten Szene als ein Symbol für den göttlichen Funken in der Initiandin verstanden werden, der, durch den Schlag des dionysischen Pneumas befreit, sich anschickt, zur Vereinigung mit dem Gotte hinaufzuschweben.

Diese Interpretation findet darin eine Bestätigung, dass die aufstrebende Gestalt ganz nackt, d.h. ganz göttlich ist, denn in der Antike ist die Nacktheit das Vorrecht des Göttlichen. Dass die schwebende Gestalt dem Beschauer den Rücken zuwendet, ist auch sehr vielsagend; es bedeutet, dass sie zwar im Umriss erahnbar, aber doch undurchschaubar bleibt, wie eben das Göttliche für den Menschen immer undurchschaubar ist.

Die Schwebende verkörpert mehr eine Hoffnung als eine Sicherheit; mit ihren aufgereckten Armen deutet sie hauptsächlich die Richtung an, die zur Vereinigung mit dem Göttlichen führt. Gleichzeitig schlägt sie mit den emporgehobenen Händen die dionysischen Zimbeln und gibt dadurch den Takt oder den Rhythmus für die Frauengestalt, die sie umkreist, an. Diese schöngekleidete Frauengestalt mit dem Thyrsos, die mit einem seltsam abwesenden Blick in die Welt hineinschaut, ist, wie ich glaube, die Verkörperung der Initiandin, die die Erlösung gefunden und den Weg kennengelernt hat, der über den Tod hinaus der rechte Weg für sie sein wird.

Wenn wir uns vor Augen halten, dass am Schluss der Einweihung die göttliche Gestalt der Ariadne für die Eingeweihte vorbildlich ist, so dürfen wir auch nicht versäumen, den Ariadne-Mythos zum Verständnis der beiden letzten Gestalten heranzuziehen. Es gibt in diesem Mythos am Ende ein Symbol, das viel zum Verständnis der nackten Gestalt beiträgt: die Krone der Ariadne, die Dionysos der Geliebten von Anbeginn geschenkt hatte und die nach der Hochzeit auf Naxos zu ihrem Gedenken an den Himmel versetzt wurde.

Wir haben diese Symbolik seinerzeit besprochen und gesehen, dass die Krone das Selbst bedeutet, so wie es im Menschen von Anbeginn angelegt ist, aber latent, d.h. unbewusst bleibt, bis es durch einen Entwicklungsprozess bewusst gemacht wird. Die nackte Gestalt der achten Szene als Symbol für die unsterbliche Seele des Menschen entspricht dem Sinn nach dem Symbol der Krone der Ariadne. Das Unsterbliche im Menschen ist das, was ihn krönt, was ihm Würde, Wert und Sinn verleiht, was sein Leben von Anbeginn lebenswert macht, auch wenn er es noch nicht weiß. Unsterblichkeit bedeutet Unzerstörbarkeit, Dauer, Festigkeit, – sie bedeutet all das, was das Selbst, den Ursprung des Menschen, charakterisiert und, wenn es bewusst wird, als das Ziel erscheint, um das das Bewusstsein kreist.

Dieses Ziel schwebt nun dem Bewusstsein vor, so wie die nackte Gestalt der sie umkreisenden Mystin ständig vorschwebt, ähnlich wie die Sternenkrone der Ariadne vorschwebt, zu ihrem Gedächtnis, wie der Mythos sagt, was bedeutet, als das, was sie nie vergessen darf. Das Ende der Einweihung ist erreicht, wenn dieses Ziel als richtunggebend dem Bewusstsein vorschwebt. Der Mensch ist »erlöst«, wenn er an nichts anderes mehr gebunden und auf nichts anderes mehr bezogen ist, als auf dieses Ziel. Dann ist der Mensch ein Zweimalgeborener, denn sein Leben wird nun zu einem wirklichen Leben, das einen Sinn hat, weil es ein Ziel hat; der Mensch wird zu einem wirklichen Menschen, weil er einen Mittelpunkt in sich und über sich erkennt, den er umkreist.

Es ist interessant, dass im Augenblick, wenn die Einweihung zu Ende ist, wieder ein männliches Symbol in der achten Szene erscheint, der Thyrsos, den die Initiandin bei ihrem kreisenden Vorwärtsschreiten trägt. Wir haben über die Bedeutung des Thyrsos schon früher gesprochen und gesehen, dass er ein hohler Stab ist, der der Vorstellung nach mit dionysischem Feuer gefüllt ist.

Der Thyrsos ist ein ähnliches Symbol wie die Fackel der siebten Szene, das Feuer erscheint aber nicht außen, sondern verborgen, sogar fest verschlossen im Inneren. Vor allem aber ist der Thyrsos kein Marterinstrument, wie die erloschene Fackel. Er ist leicht, fein und unaufdringlich; er deutet an, dass seine Trägerin, eine Eingeweihte, dem Gott gehört und dass sie durch ihn zum wirklichen Leben gefunden hat.

Wie die Fackel, ist auch der Thyrsos der achten Szene ein Animussymbol, das die Eingeweihte aber nun in der Hand hält. Um diese Symbolik ganz einfach zu übersetzen, könnten wir vielleicht sagen, dass die Eingeweihte, deren weibliche Tiefe klar geworden ist, aus dieser Tiefe heraus weiß, wie der Animus zu handhaben ist. Der Animus ist nicht mehr selbstherrlich in ihr. Er ist, wie wir es der modernen psychologischen Sprache gemäß vielleicht ausdrücken dürfen, zur Funktion geworden, ein in der Vollständigkeit der Frau enthaltenes Element, das mit ihr das Ziel umkreist. Die geistige Entwicklung der Frau ist dann nicht mehr das Ziel, sie dient dem Ziel.

Wenn die orphische Einweihung zu ihrem Ende gelangt, wird alles einfach und man braucht nicht mehr viele Worte zu machen. Sobald die weibliche Tiefe erreicht wurde, erschließt sich auch der Weg zum

Licht und alle Komplikationen und Zweifel schwinden. Doch wird gleichzeitig auch alles mysteriös, da die Eingeweihte selbst zum Mysterium wird. Das können wir dem geheimnisvollen, wie abwesenden Blick entnehmen, mit dem die Eingeweihte in die Welt hineinschaut. Ihr ernster, gefasster Ausdruck deutet auf eine Verinnerlichung, die in allem das Eine sucht und die den Gott dann findet, wenn sie die Welt findet. So, wie sie schaut und sich bewegt, könnte man die Eingeweihte als eine Verkörperung der Zentriertheit bezeichnen. Das ist vielleicht ein unschönes Wort, aber es deutet doch die Einstellung an, die durch die Einweihung erreicht wurde.

Wie wir gesehen haben, besteht die achte Szene aus zwei Teilen, die wir getrennt betrachten mussten, um etwas von der Bedeutung zu verstehen. Wenn Maiuri aber beide Teile doch zu einer einzigen Szene rechnet, so ist auch das sinnvoll. Die Gestalten der achten Szene stellen zusammengenommen eine Vierheit dar, die aus drei ähnlichen Gestalten und einer von den übrigen verschiedenen Gestalt besteht. Man kann die achte Szene auch von diesem Gesichtspunkt aus als die Ganzheit des Menschen interpretieren, in der die Drei durch das hinzukommende Vierte vollständig wird. Auch der aus *Psychologie und Alchemie* bekannte Satz der Maria Prophetissa lässt sich dabei anwenden, dass aus den Dreien das Eine als Viertes werde. Das Selbst ist das Eine, das latent schon immer da war, aber den Menschen der Ganzheit zuführt, wenn es als Viertes, d.h. als Ziel bewusst wird.

Ich glaube allerdings nicht, dass es erlaubt wäre, die Vierheit der achten Szene im Sinne der vier psychologischen Orientierungsfunktionen zu interpretieren. Die Funktionstheorie ist für das antike Einweihungsbild zu modern. Nur der Grundsatz ist anwendbar, dass die Vier der Ganzheit entspricht und dies als das Problem der Drei und des ganz anders gearteten Vierten erlebt wird. In der achten Szene unserer Freskenfolge erscheint dieses Problem als gelöst – anders als etwa in der Kabirenszene im II. Teil von Goethes *Faust*, wo die Frage auftaucht: »Drei sinds, wo ist das Vierte geblieben?«

Dadurch, dass in unserem orphischen Mysterienkult der Mythos von Dionysos und Ariadne als bindendes Vorbild vor dem Mysten steht, ist ihm auch der Weg zum Vierten von Anfang an gegeben, denn dieser Mythos enthält eine Vierheit. Sie besteht 1. aus Dionysos als Stiergott und 2. aus der sterblichen Ariadne auf Kreta, 3. aus der verlassenen Ariadne auf Naxos und 4. aus Dionysos als Gott des Weines.[52]

Vielleicht werfen wir von hier noch einmal einen kurzen Blick auf die Darstellung des Mosaikfußbodens in dem nordafrikanischen Dionysosheiligtum, auf den wir schon früher zu sprechen kamen. Er stammt aus der Mitte des 2. Jahrhunderts n.Chr., ist also etwa 150 Jahre nach unseren Fresken entstanden. Die vierte Seite des Mosaikfußbodens entspricht unserer siebten Freskenszene. Sie stellt ebenfalls eine kniende Thyade dar, die eben die Hülle über dem Phallus in der Schwingenwiege lüften will; neben ihr schwebt eine dem dunklen Engel entsprechende Nymphe mit der Geste der Scham herab.

Der Schlag, der die weibliche Gestalt trifft, ist aber gesondert von dieser Szene in der Mitte des Fußbodens dargestellt. Hier ist es kein Engel, der zuschlägt, sondern ein Schrecken erregender, dämonischer, nackter Mann. Der mythische Vorwurf für diese Szene ist die Legende vom Tod der Nymphe Ambrosia, die eine Amme des Dionysos war. Sie wurde vom wilden thrakischen König Lykurgos mit der Doppelaxt erschlagen. Das Ende des Einweihungsganges ist nach dieser Darstellung also der Tod. Die *deificatio*, die Vergöttlichung, erfolgt nicht mehr in dieser Welt, sondern als eine Erlösung durch Dionysos nach dem Tode, wie es z.B. in der Geschichte der Semele und mancher Bacchantinnen vorgebildet ist. Es ist interessant, dass in der späteren Zeit, als christliche Vorstellungen vielleicht schon stärker auf die Menschen einwirkten, eine jenseitige Lösung der Einweihung im Vordergrund steht. Allerdings ist Dionysos-Isodaites, der alle Menschen zu sich einlädt, auch der Tod. Er erlöst die Menschen vom Leid des Lebens.

Epilog

Wir sind nun am Ende des Einweihungsweges angelangt, der auf den Fresken der Villa dei Misteri abgebildet ist. Nach der achten Szene öffnet sich das Fenster der äußeren Längswand, das Tageslicht dringt in den Raum und die Eingeweihte ist wieder dem gewöhnlichen Leben zurückgegeben. So wird es allgemein von Gelehrten interpretiert und stimmt sicherlich. Daraus wird jedoch leicht der Schluss gezogen, dass die neunte und zehnte Szene nichts mehr bedeuten. Es wird angenommen, dass diese Bilder lediglich der Dekoration dienten und Szenen aus dem Leben der Damen darstellen, die die Villa bewohnten. Die Dame der zehnten Szene wird als Domina bezeichnet, weil man denkt, dass es sich, ähnlich wie es auch in anderen antiken Häusern gefunden wurde, um ein Portrait der Dame des Hauses handle.

Diese Gedankengänge gehen von der sehr subjektiven Voraussetzung aus, dass zwar eine orphische Einweihung eine gewisse Bedeutung gehabt haben mag, dass das gewöhnliche Leben aber völlig bedeutungslos sei. Das ist ein Vorurteil, das nicht nur Gelehrte haben. Es gibt im Gegenteil unendlich viele Menschen – auch heute – die bei dem Gedanken an das gewöhnliche, tägliche Leben schon in ziemlich jungen Jahren resignieren. Sie wissen schon früh, dass das Glück immer dort ist, wo sie gerade nicht sind. Im Grunde rührt dies daher, dass diese Menschen sich selbst als schrecklich langweilig und lästig empfinden. Sie trauen sich nichts zu, sie machen nichts aus den Gaben, die ihnen geschenkt wurden. Ja, wenn sie andere Gaben hätten, wenn sie z.B. wie Herr X oder Frau Y wären – wäre das etwas ganz anderes. Dann wären sie natürlich hoch interessant! Aber da sie nun einmal so bedeutungslos sind, kann das gewöhnliche Leben gar nicht anders als auch bedeutungslos sein.

Dazu ist zu sagen, dass selbstverständlich alle Menschen sehr unbedeutend sind. Bedeutungsvoll sind nur die Ziele, die sie sich stecken. Wenn man z.B. das Ziel nur in der Gelehrsamkeit sieht, so bringt sie vielleicht einigen Ruhm, aber jeden Abend, wenn man von der

Arbeit aufschaut, sitzt man als ein unbedeutender Mensch in einer Umgebung, die einem nichts bedeutet.

Wenn dem Menschen aber das Selbst als Ziel aufgeht, wird seine Gewöhnlichkeit und sein gewöhnliches Leben sinnvoll. Er braucht nicht mehr darauf zu warten, bis er aus seiner Haut fährt, um eine glänzende Rolle in dem Theaterstück seiner Wahl zu spielen; er braucht nicht mehr darauf zu hoffen, dass ihm Zeus persönlich als Gold zum Dach hereinregne. Das Selbst ist das Heilmittel, das das ganze Leben sinnvoll macht. Dementsprechend sind die Darstellungen des gewöhnlichen Lebens in der Villa dei Misteri natürlich auch sinnvoll. Es kann gar nicht anders sein, denn die Menschen, denen wir die Freskenfolge verdanken, haben sich diese Bilder nicht ausgedacht. Die Darstellungen sind Resultate des Urerlebnisses, das ihnen in diesem Hause geschah und den Räumen noch jetzt eine wunderbar faszinierende Atmosphäre verleiht. Auch die beiden letzten Szenen sind bei aller Einfachheit höchst lebendig. Es lohnt sich daher, sie auf ihren Sinn hin zu untersuchen.

Wir werden zunächst sehen, dass das Ende der Einweihung durchaus keinen Bruch bedeutet. Die Eingeweihte wird weder den Erfahrungen, die sie eben gemacht hat, noch der Welt entrückt. Im Gegenteil, sie wird durch den gleichen Fluss psychischen Lebens, der sie auch durch die Einweihung getragen hat, aufs Neue in sie hineingestellt.

Die neunte Szene zeigt eine Dame, die gerade von ihrer Dienerin frisiert wird. Ein Erote hält den Spiegel, aber nur die Dienerin schaut hinein, während die Dame sinnend ins Weite blickt. Ein zweiter Erote hinter ihr, bereits auf der Schmalwand jenseits der Ecke, schaut gelassen zu.

Dieses Bild nimmt ein noch ungeklärtes Problem der achten Szene auf, nämlich das Problem der Haare der Eingeweihten, die dort verwirrt und aufgelöst waren und daher frisiert werden müssen. Wie wir schon sahen, ist das Haar ein Symbol für die Inhalte des Kopfes, d.h. für alle Gedanken und Vorstellungen, die zusammengenommen das persönliche Bewusstsein ausmachen. Wie diese Bewusstseinsinhalte in Wirklichkeit beschaffen waren, das hatte sich in der achten Szene enthüllt. Alle Vorurteile und Illusionen, die darin vermischt waren, sind bereinigt worden. Alle Inhalte des Kopfes müssen nun nach dem neuen Gesichtspunkt geordnet werden, der sich durch die Zielrichtung auf das Selbst ergibt.

Die Dame, die wir als ein Symbol der Ich-Persönlichkeit bezeichnen könnten, schaut ruhig in die Welt, sie nimmt die Eindrücke auf, die ihr von dort zukommen, und die Ordnung der Bewusstseinsinhalte erfolgt dadurch, dass etwas in ihr, verkörpert durch die Dienerin, gleichzeitig in den Spiegel des Eroten schaut. Dieser kleine geflügelte Geist ist als ein Bote des Unbewussten zu verstehen, der ihr innere Reaktionen auf äußere Eindrücke zuträgt.

Die objektive Wahrnehmung wird durch die Berücksichtigung subjektiver Regungen ergänzt. Das, was geschieht, wird als ein Spiegel des eigenen Wesens betrachtet. Der andere kleine Erote stellt wohl den beruhigten Eros der Eingeweihten dar. Das Prinzip der Bezogenheit wirkt nun durch die Zielrichtung auf das Selbst in gemäßigter Weise. Die Beziehungen zu Menschen und Dingen werden nicht mehr so persönlich genommen, sie werden zum Mittel der Selbsterkenntnis. Der Unterschied zwischen äußeren und inneren Ereignissen ist nur noch ein relativer; das Leben wird zum Traum und der Traum wird zum Leben, denn beide sind Manifestationen des Selbst.

Das Bewusstsein wird geordnet, indem es auch als etwas nur Relatives erkannt wird, abhängig von äußeren Umständen und inneren Einwirkungen. Es ist in den Prozess der Selbstwerdung einbezogen, kann sich immer wieder ändern und muss jeden Tag mit ruhiger Unbefangenheit neu geordnet werden, so wie die Haare jeden Tag neu frisiert werden müssen. Dabei kann an jedem Tag der eine oder andere Inhalt als überlebt ausfallen und neue Inhalte können nachwachsen.

Der Mensch kann sich keiner Allwissenheit und keiner endgültigen Wahrheiten mehr rühmen; was gestern gegolten hat, kann morgen nicht mehr gelten. Was immer gültig bleibt, ist das Ziel, das sich der Mensch mit seinem relativen Bewusstsein gesetzt hat und so in einer dauernden Bewusstwerdung begriffen ist. Auf der neunten Szene unserer Freskenfolge ist dies als ein freundlicher, beruhigter Zustand darstellt, als eine Gelassenheit, die aus der Begrenzung auf das unmittelbar Gegebene entspringt und nicht vorgreift. Wenn diese Gelassenheit erreicht ist, kann das ganz gewöhnliche Leben interessant werden – es ist dann jeden Tag neu und der Mensch kann sich jeden Tag auf neue Weise daran beteiligen.

Wenn man von dieser neunten Szene im Einweihungssaal der Villa dei Misteri weitergeht, gelangt man zur großen Tür der vorderen Schmalwand, die auf eine Terrasse hinausführt. Von dort geht der Blick weit über die sanft abfallende Ebene, die sich vor dem Hause ausbreitet. Es wurde angenommen, dass auf dieser Terrasse nach der Einweihung vielleicht ein Bankett abgehalten wurde. Das ist möglich, denn die Villa mit ihren vielen verschiedenen Aspekten lädt die Phantasie geradezu ein, sich ein entsprechendes Leben auszumalen. Wie dem auch sei, nach der neunten Szene öffnet sich der Blick in Gottes freie Natur. Die Eingeweihte kann nun gelassen und beruhigt die Natur mit neuen Augen sehen; sie kann darin die Mutter entdecken, die sie aus ihren Kindern anlächelt; sie kann den Vater hören, der im Brausen des Windes zu ihr spricht. Sie kann sich von dem eigenartigen Leben der Tiere und der Pflanzen beeindrucken lassen, was ebenfalls wie ein schöner, bedeutsamer Traum ist. Sie kann den *genius loci* jeden Tag dankbar verehren.

Dann kommen wir zur zehnten kleinen Szene, dem Portrait der Dame, das außer dem kleinen Eroten das einzige Bild an der äußeren Schmalwand ist. Diese Stellung zeigt, dass dieses Portrait etwas Einzigartiges ausdrückt. Die Dame, die man Domina nennt, ist auf einem bequemen Sessel sitzend dargestellt. Sie ist sehr reich als eine vornehme Matrone gekleidet. Den rechten Arm hat sie auf ein Kissen gestützt, das auf der Lehne des Sessels liegt. Ihr Gesichtsausdruck ist aufmerksam und links hinter ihr liegt ein kleiner, länglich viereckiger Gegenstand in ihrer Reichweite. Er könnte ein Schreibtäfelchen sein, wie es bei den Römern gebräuchlich war.

Diese Frauengestalt ist die einzige der 29 Gestalten des Einweihungssaales, die der hinteren Schmalwand, deren Zentrum das Bild von Dionysos und Ariadne bildet, zugewandt ist. Dieser wichtigen Sphäre ist die Domina damit als einem Gegenüber verbunden. Diese

Darstellung lässt vermuten, dass die sogenannte Domina mit einer gewissen Wahrscheinlichkeit als eine Verkörperung der Mnemosyne zu deuten ist, d.h. der Erinnerung, die für die Orphiker die bedeutsamste Fähigkeit des Menschen war.

Sie war das Wichtigste, das der Mystin aus der orphischen Einweihung für die Zukunft mitgegeben wurde, nämlich, dass sie nun etwas hatte, an das sie sich immer erinnern konnte. Sie hatte in dem dramatischen Gang der Einweihung erfahren, wie das menschliche Leben bis zum Tod und über den Tod hinaus als ein Weg zwischen Höhe und Tiefe, zwischen Gefahr und Hilfe verläuft, ein Weg, der nach göttlichem Vorbild einem göttlichen Ziel entgegen gegangen werden kann.

Der Mensch, der sich erinnern kann, ist nicht mehr dem blinden Schicksal ausgeliefert. Er hat die ewigen Bilder erschaut, die ihm in allen Lebenslagen das rechte Verhalten vermitteln und allen Geschehnissen Sinn verleihen. Er hat der süßen Musik der Sphären gelauscht, das Licht der Seligkeit ist vor ihm aufgegangen und der Flügelschlag des Pneumas hat ihn gestreift. All das ist eine immerwährende Wirklichkeit für den, der sich daran erinnert. Das Bild der sogenannten Domina – ob es nun die Herrin des Hauses darstellt oder nicht – scheint mir darum eine so dominierende Erscheinung zu sein, weil es die Mnemosyne verkörpert – das »Erinnere dich« der Orphiker, das eine ganze Lebensweisheit bedeutet!

Das Gleiche gilt auch für den modernen Menschen. Wenn ihm in seiner inneren Entwicklung in dramatisch bewegter Innenschau die Welt der archetypischen Bilder einmal aufgegangen ist, braucht er die Verbindung damit nie mehr zu verlieren, wenn er nicht seine wertvollsten Erfahrungen und damit sich selbst vergisst. Die *circumambulatio*, das Umschreiten, das, ähnlich wie im Einweihungssaal der Villa dei Misteri auch vom modernen Menschen in der Innenschau erlebt werden kann, ist nur ein Zyklus in der dauernden Kreisbewegung der Psyche, die sich beständig wandelnd, doch immer wieder die gleichen Situationen auf einer neuen Stufe berührt. Wer sich daran erinnert, kann in den Wechselfällen des Lebens immer wieder Stab und Stütze finden. Der Rhythmus der unbewussten Psyche trägt ihn, er wird für ihn lebendig wie der Schlag der Zymbeln in den erhobenen Händen einer Lichtgestalt, die er – als sein Ziel – umkreist.

Die Erinnerung ist in diesem Sinne für den modernen Menschen gleich wichtig, wie sie für die alten Orphiker oder auch beispielsweise für Platon war. Psychologisch gesprochen bedeutet sie eine Konzentration auf das Wesentliche bei allem, was geschieht. Das ist durchaus nicht selbstverständlich! Es bedarf der Erfahrung, dass man sich – wenn ich so sagen darf – von den Arabesken nicht verwirren oder ablenken lasse, die alle Erscheinungen des Lebens umranken.

Es bedarf der Gabe der Erinnerung, damit man im Traumspiel äußerer und innerer Ereignisse die zugrundeliegende Typik erfasse, so dass man das Spiel verstehen und mitspielen kann. Diese Konzentration auf das Wesentliche drückt sich in der zehnten Szene unserer Freskenfolge in der Aufmerksamkeit aus, mit der die sogenannte Domina der geheimnisvoll heiligen Sphäre der inneren Schmalwand zugewandt ist.

*

Damit haben wir unsere Betrachtungen zu der Freskenfolge der Villa dei Misteri abgeschlossen. Diese haben für mich ein großes Wagnis bedeutet, denn das Einzige, worauf ich mich dabei stützen konnte, war, wie ich schon anfangs sagte, die Hypothese, dass diese Fresken eine Entwicklung darstellen, ähnlich dem Individuationsweg des modernen Menschen.

Wie man sehen konnte, versuchte ich diese Parallele immer im Auge zu behalten und mich von Schritt zu Schritt daran zu orientieren. Daraus habe ich eine gewisse Sicherheit geschöpft, dass dies überhaupt möglich ist. Es scheint mir überdies wichtig zu sein, dass sich immer wieder alchemistische Parallelen zu unserer Freskenfolge aufdecken ließen; und wenn ich diese jeweils auch nur kurz andeuten konnte, so bedeuten sie doch für meine Ausgangshypothese die beste Bestätigung.

Was die Fresken im Einweihungssaal der Villa dei Misteri auszeichnet, ist nicht nur ihre unmittelbare Erlebnisechtheit, sondern die geradezu unglaublich umfassende Breite und Tiefe des darin enthaltenen religiösen Ideenschatzes. Eine *lux moderna* geht in diesen Fresken auf – ein wahrhaft überraschendes Licht selbst-gelehrter Weisheit – um nochmals Philo von Alexandrien zu zitieren. All jene Keime, die sich im Laufe der Jahrhunderte im Christentum entfalteten und dem Christentum zum Siege verhalfen, entfalten sich auch in den Bildern des Einweihungssaales der Villa dei Misteri.

Während im Christentum die Entfaltung dem Licht und der Höhe des Geistes entgegengeführt wird, geht es im orphischen Mysterienkult in die dionysische Tiefe der unbewussten Psyche. Darum hat sich das Dionysosmysterium gegenüber dem Christentum nicht durchsetzen können. Was die Menschen um die christliche Zeitenwende brauchten, war zunächst der Weg hinaus aus der maßlosen Naturhaftigkeit der Antike. Es war eine Geistesentwicklung, die auch eine Entwicklung und Festigung des Bewusstseins in sich schloss.

Nur einer kleinen, geistvollen Elite, wie sie offenbar in der Villa dei Misteri während einiger Zeit versammelt war, konnte damals der Dionysoskult sinnvoll und heilvoll werden. Aber jetzt, da sich wieder ein Äon erfüllt, da das Bewusstsein der Menschen nicht nur genügend gefestigt, sondern sogar erstarrt ist, kann die *lux moderna*, die in der Villa dei Misteri aufgegangen ist, den Menschen heilvoll werden. Jetzt kann es eine frohe Botschaft für viele sein, die erkennen, dass, wenn das Licht der Welt sich verdunkelt, es aus dem seligen Dämmerschein des Unbewussten wieder aufersteht.

Abgesehen davon vermitteln die Fresken der Villa dei Misteri besonders der Frau Einsichten, wie sie in dieser Fülle wohl nur selten zu finden sind. Die Probleme z.B. des weiblichen Eros und der weiblichen Geistigkeit werden durch die Symbolik der Fresken auf eine ungemein treffende und pittoreske Weise geklärt.

Durch den Mythos der Ariadne und alles, was sich auf diesem weiblichen Einweihungsweg daran anknüpft, wird uns eindrucksvoll vor Augen geführt, wie wichtig besonders für die Frau der Weg nach unten ist und wie sie nur durch das Erreichen der weiblichen Tiefe ihre Vollständigkeit finden kann. Wenn wir der Darstellung unserer Fresken glauben dürfen, kann eine Frau diese Tiefe allerdings nicht durch ihre eigene Kraft erreichen. Es bedarf eines Gnadenaktes, der sie wie der Flügelschlag eines dunklen Engels trifft und sie auf das Naxos der verlassenen Ariadne versetzt – oder wir könnten auch sagen, an den Herd der Baubo.

Nun –, dass es der Gnade bedarf, damit ein Mensch den Ort der Erfüllung finde, gilt natürlich nicht nur für die Frau, sondern auch für den Mann. Kein Mensch kann den Weg der Selbstwerdung ohne die Intervention überpersönlicher Mächte gehen. Der Darstellung unserer Freskenfolge entsprechend ist eine solche Intervention jedoch keine sanfte Salbe; die Gnade ist gleichzeitig Strafe, Züchtigung, moralische Richtigstellung, Bestürzung, Verzeihung – alles auf einen Schlag. Aber gerade auf diese schmerzvolle Weise erwächst in dem vergesslichen Menschenwesen die edle Gabe der Mnemosyne.

* * *

Anmerkungen

1 *La Villa dei Misteri*, S. 99 f
2 siehe im Literaturnachweis bei Maiuri
3 siehe C. G. Jung, *Psychologie und Alchemie*, 1. Aufl. 1944, S. 48f
4 *Psychologie und Alchemie* (S. 122)
5 siehe z.B. Margaret Murray, *The God of the Witches*, Sampson, Low, Marston, London, undatiert
6 siehe Arnold von Salis, *Antike und Renaissance*, 1947, Tafel 56, b
7 aus *Psychologie und Alchemie* S.122
8 vergleiche dazu den Begriff des Uroboros in E. Neumanns *Ursprungsgeschichte des Bewusstseins*
9 vergleiche dazu die ungemein lebendige Erzählung des Mythos der Medea in Ovids *Metamorphosen*
10 siehe dazu die modernen Traumparallelen aus *Psychologie und Alchemie*, S. 81, von C. G. Jung
11 Leopold Feiler, 1. c. S. 23ff
12 siehe auch H. E. Fierz, *Entwicklungsgeschichte der Chemie*, 1945, S. 30
13 siehe bei Eranus Jb. 1939
14 zitiert bei Leisegang, 1. c. S. 162
15 siehe bei Schleiermachers Ausg. Bd. 4, S. 64
16 siehe bei Eliade, Chamanisme
17 siehe Feiler, Mysterion, S. 29
18 C. G. Jung, *Psychologie und Alchemie*
19 *Von den Wurzeln des Bewusstseins*, 1954, S. 231. Ich verweise auch auf das 3. Kapitel der gleichen Abhandlung, worin außerchristliche Parallelen zum Wandlungsmysterium angeführt sind.
20 Erwin Rhode, *Psyche*, (S. 147, auch bes. Anm. 122 und 123)
21 siehe bei Roscher, 1.c. Bd. Sp 1091, Abb.1
22 C. G. Jung *Symbolik des Geistes* (1948). Besonders die Ausführungen im 2. Kapitel des II. Teils, Ziffer 4 u.5
23 in *Eine Mithrasliturgie*, S.176
24 C. G. Jung, *Symbolik des Geistes*, 1948 e S. 99
25 Franz von Sales (1567-1622)
26 siehe dazu Henri Brémond, *Histoire litteraire du sentiment religieux en France*, 1921, t. II, p. 536 ff

[27] abgedruckt in J. Jezower, *Buch der Träume* (1928, S. 259), 1946
[28] Orpheus war nach der Überlieferung der Sohn der Kalliope und des Apollon, daher die Kraft seines Gesangs.
[29] vergleiche dazu C. G. Jung, *Symbolik des Geistes*, S. 92 ff
[30] siehe dazu L. Feiler, 1. c. S.42, wo dafür verschiedene Beispiele aufgeführt werden
[31] Maiuris *Villa dei Misteri* (l. c. p.153)
[32] siehe G. Charles-Picard, *Les Religions de l'Afrique antique*, 1954 Abb. VII
[33] vergleiche dazu C.G. Jung, *Symbolik des Geistes*. S. 96 ff
[34] Leisegang, *Der Heilige Geist, 1919*
[35] Leisegang,1. c. S. 23)
[36] Leisegang,1. c. S. 203 ff
[37] Leisegang 1.c.S.78ff
[38] siehe dazu Ch. Poucart, *Les Mysteres d'Eleusis*
[39] siehe dazu Cumont, *Die Orientalischen Religionen im Römischen Heidentum*, Kap. IV
[40] siehe auch Fr. Spiegel, *Iranische Altertumskunde*, 1871, Bd. II, S. 149ff
[41] Leisegang 1. c. S. 112
[42] Linda Fierz David *Der Liebestraum des Poliphilo* mit einem Vorwort von C.G.Jung, Rheinverlag Zürich 1947
[43] z. B. das *Malleus maleficarum*, Straßburg 1487
[44] in Eranos Jb. 1948, S. 286 f
[45] siehe Jung und Kerényi, *Das göttliche Mädchen* 1941
[46] siehe dazu Jung-Kerényi, 1. c. S. 102
[47] *Strukturformen der weiblichen Psyche*, *Der Psychologe*, Bd III, 1951, Heft 7/8
[48] nachzulesen in *Psychologie und Alchemie* von C.G. Jung
[49] siehe Arnold von Salis, 1. c. Tafel 56
[50] Kap. II
[51] Kap. XI
[52] vergleiche dazu: C. G. Jung, *Aion*,1951, I.Teil, XIV, *Die Struktur und Dynamik des Selbst*

Literaturhinweise

Amadeo Maiuri: ***La Villa dei Misteri*** (Roma 1931)
ist das Standardwerk für alles, was die »Villa« betrifft. Die ganze Ausgrabung und deren sämtliche Inhalte werden darin bis in jedes Detail geschildert und für alle geäußerten Ansichten oder Erklärungen werden die genauen wissenschaftlichen Belege mitgeteilt. Außerdem wird alles zusammengetragen, was von anderen Forschern zu den architektonischen, künstlerischen, historischen, kultischen und mythologischen Fragen geäußert und publiziert wurde. Da seither die Erkenntnisse durch keine weiteren Entdeckungen verändert oder bereichert worden sind, kann man sich in jeder Hinsicht auf dieses Werk stützen. Es enthält viele schöne Abbildungen im Text und Bildtafeln. – 1954 ist eine Edition der Liberia dello Stato mit farbigen Illustrationen erschienen.

Zur Ergänzung sei noch erwähnt:

L. Feiler: ***Mysterion*** (1946)
ein dithyrambisches kleines Büchlein eines von den Fresken ergriffenen Arztes, das einige wertvolle Anregungen und Hinweise enthält.

Literatur zum historischen und kulturhistorischen Hintergrund:

Guglielmo Ferrero: ***Größe und Niedergang Roms*** Bde 4 und 5 (Deutsch 1908)
Die Frauen der Cäsaren (Deutsch 1912)

L. Friedländer: ***Darstellungen aus der Sittengeschichte Roms in der Zeit von August bis zum Ausgang der Antonine*** (8. Auflage 1910)

U.E. Paoli: ***Das Leben im alten Rom*** (Deutsch 1948)

F. Cumont: ***Die orientalischen Religionen im römischen Heidentum*** (Deutsch 1948)

Literaturangaben zu einzelnen Themen finden sich im Text.

Über die Autorin

Linda Fierz-David wurde 1891 in Basel geboren und studierte schon in jungen Jahren Philologie. Mit zwanzig Jahren heiratete sie Hans Fierz, Professor der Chemie an der ETH Zürich. Aus den Märchen, die sie ihren vier Söhnen erzählte, entstand ihr erstes Buch *Das Geschichtenmännchen* (1923).

Der Krieg 1914 zwang sie, ihr Studium aufzugeben, denn als ihr Mann Militärdienst leisten musste, widmete sie sich ausschließlich der Familie. In dieser Zeit freundete sie sich mit C. G. Jung an und wurde nach dem Krieg seine Mitarbeiterin im »Psychologischen Club« in Zürich. Dort gab sie intensive psychologische Beratungen und führte mit meist amerikanischen Klienten Analysen und Therapien durch.

Linda Fierz-David *auf einem Gemälde von Louise Breslau (1922, Pastell auf Papier, 72,5 x 91,3 cm)*

Die private »Villa dei Misteri« der Autorin in Bollingen am Zürcher See. *Der von ihr eigenhändig ausgemalte Pavillion befindet sich neben dem berühmten Turm von C. G. Jung.*

Bei dieser Tätigkeit entstand der Wunsch, »etwas zu schreiben, was man auch wirklich liest«, wie sie es ausdrückte. Jung brachte sie auf die Idee, die Fresken der Villa dei Misteri in Pompeji aus psychologischer Sicht zu deuten und zu interpretieren. Das Werk wurde ins Englische übersetzt und mit einem Vorwort ihres Sohnes Heinrich Karl Fierz in New York für den großen Anhängerkreis C. G. Jungs in den USA herausgegeben.

Später verfasste sie ein Werk zur Psychologie der Renaissance und der Moderne, *Der Liebestraum des Poliphilo* (Rheinverlag Zürich 1947), mit einem Vorwort von C. G. Jung.

Die Familie bewohnte ein Ferienhaus in Bollingen am Zürcher See, neben dem Anwesen von C. G. Jung, mit dem sie engen Kontakt pflegte. Neben dessen berühmten Turm richtete sich Linda Fierz-David ihre eigene »Villa der Mysterien« ein und malte einen Pavillon vollständig aus. Die Farben für diese Fresken stellte ihr Mann nach ihren speziellen Vorstellungen selbst her. Diese ihre letzte Arbeit kostete sie viel Energie und sie starb bald nach der Fertigstellung der Malereien 1955 in Küsnacht.

GERTRUDE R. CROISSIER

Psychotherapie im Raum der Göttin

Weibliches Bewusstsein u. Heilung

530 Seiten, zahlreiche Abb., z.T. farbig
Hardcover mit Schutzumschlag
ISBN 978-3-935937-48-1, 32,- EUR

Die persönliche Leidensgeschichte von Frauen ist nicht getrennt von der schmerzlichen Kollektivgeschichte des Weiblichen im Patriarchat:
Dem Schutz der alten Mutter-Göttin beraubt und von einem eifernden Vater-Gott dämonisiert, sind Frauen körperlich, emotional, geistig und spirituell heimatlos.
Ohne liebevolle Spiegelung in einem mütterlichen Gottesbild aber, ohne Kontakt zu den weiblichen Wurzeln des Lebens, sind sie geschwächt und sich selbst fremd geworden.
Heilung von Weiblichkeit braucht daher Rückbindung an den weiblich-göttlichen Ursprung. Das Weibliche will in seiner Wertigkeit erkannt, will geheilt und ermächtigt werden. Hiervon handelt dieses Buch.

THOMAS SCHIPFLINGER

Maria-Sophia

Eine ganzheitliche Vision der Schöpfung

352 Seiten, zahlreiche Abb., z.T. farbig
Hardcover/Lesebändchen
ISBN 978-3-935937-47-4, 32,- EUR

Der katholische Theologe Thomas Schipflinger stellt uns in diesem Werk die SOPHIA als den weiblichen Aspekt Gottes vor. Er findet sie nicht nur in der christlichen Überlieferung und in der Schau begnadeter Seher und Künstler, sondern auch in den östlichen Religionen und in den neueren Naturwissenschaften.
Dabei zieht sich wie ein roter Faden eine Erkenntnis durch das Buch: SOPHIA, die Heilige Weisheit, hat sich in MARIA als Mensch inkarniert, so wie der göttliche Logos in Christus zum Menschen wurde ...
Das Buch stellt uns eine große Materialfülle zur Verfügung und lädt ein, sich dieser weiblich-göttlichen Gestalt nicht nur intellektuell, sondern auch meditativ zu nähern.

CHRISTA MULACK

Maria - die geheime Göttin im Christentum

210 Seiten, zahlreiche Abb., z.T. farbig
Hardcover mit Lesebändchen
ISBN 978-3-935937-24-5, 22,- EUR
Taschenbuch/kartoniert
ISBN 978-3-935937-46-7, 16,- EUR

Aus der Bibel ist die überragende Bedeutung der Gottesmutter im Christentum nicht zu erklären, – die hingebungsvolle Frömmigkeit der Gläubigen muss sich aus anderen Quellen speisen ...
Die Autorin arbeitet in diesem Buch den religionsgeschichtlichen Hintergrund der Marienverehrung auf:
– Wie sind die Mariendogmen entstanden?
– In welchem Zusammenhang stehen die Dogmen mit der Unterdrükkung von Frauen?
– Welche Botschaft hat Maria heute für uns?
Dadurch wird deutlich: Eine neue Sicht auf MARIA ist möglich und eröffnet vor allen Dingen Frauen einen Zugang zu ihrer verschütteten Religiosität.

CHRISTA MULACK

Im Anfang war die Weisheit

120 Seiten, s/w- Abb., kart.
ISBN 978-3-935937-15-3, 11,- EUR

Das Unbehagen vieler religiös suchender Menschen am überlieferten männlichen Gottesbild führt zur Rückbesinnung auf die Weisheit, die vor langer Zeit unter vielen Namen als Göttin verehrt wurde.

Auch in der Bibel lassen sich die Spuren eines solchen weiblichen Gottesbildes finden.

Die Autorin skizziert in diesem Buch Anliegen und Wirkungen einer feministischen Theologie.

Weitere Titel von Ch. Mulack in unserem Verlag:

Die Wurzeln weiblicher Macht

Frauen erkennen ihre Stärke

288 S., ISBN 978-3-935937-43-6
22,- EUR

Natürlich weiblich

Die Heimatlosigkeit der Frau im Patriarchat

268 S., ISBN 978-3-935937-28-3
19,80 EUR

MICHAEL KUPER

Nettesheim oder Wie man Feuer fängt

– Roman –

182 Seiten, kartoniert, 13,50 EUR
ISBN 978-3-935937-20-7

Metz, die Stadt der Klöster, Kirchen und Mönchsorden, Ziel von Kaufleuten und Raubrittern, kurz vor dem Durchbruch der Reformation. Man schreibt das ungemütliche Jahr 1519. **Nettesheim** ist hier gestrandet und geht lustlos seiner Arbeit als Stadtadvokat nach. Doch plötzlich wird die Inquisition in Metz aktiv und klagt eine Bäuerin der Hexerei an.

Nettesheim fällt die Rolle des Rechtsanwaltes zu. So entspinnt sich vor dem Tribunal ein Disput auf Leben und Tod ...

Dieser auf Tatsachen beruhende Roman beschreibt 100 Tage im Leben des berühmten Gelehrten Agrippa von Nettesheim. Er wagte es, gegen den Hexenwahn Stellung zu beziehen und erregte mit einem „gewonnenen" Hexenprozess großes Aufsehen.

SIBYLLE DAPP

Der junge Sadhaka

– Roman –

378 Seiten, kart., 16,- EUR / 29,- CHF
ISBN 978-3-935937-49-8

Yannick ist 16 Jahre alt, als er die Schweiz verlässt, um zwei Jahre lang in Indien zu leben. Bald tut sich hinter seinem Schüleralltag eine faszinierende, verborgene Welt auf und er begegnet einem charismatischen Yogi. Jetzt hat Yannick, den eine tiefe Sehnsucht nach dem Göttlichen erfasst, nur noch einen Wunsch: in die geheime Tradition des Kriya-Yogas eingeweiht zu werden...

Die Autorin hat einen spannenden Roman über das Erwachsenwerden geschrieben und erläutert dabei „nebenbei" die Prinzipien geistig-mystischer Entwicklung aus der Sicht des Yoga. Meditations- und Atemtechniken werden erklärt und gleichzeitig der große weltanschauliche Bogen zwischen den Religionen und der Naturwissenschaft geschlagen.

GABRIELE QUINQUE

Splendor Solis – Das Purpurbad der Seele

22 Pforten der initiatischen Alchemie

Hardcover/Schutzumschlag
280 S., 14 s/w-Abb., 22 Farbbilder
ISBN 978-3-935937-26-9, 42,- EUR

»Splendor Solis oder Sonnenglanz«, eines der berühmtesten Bild- und Textwerke der Alchemie aus dem 16. Jh., bietet mit seinen 22 farbenprächtigen Miniaturen einen einzigartigen Symbolschlüssel zum Verständnis von transformatorischen seelischen Prozessen. Die Autorin macht dieses vielschichtige, kryptische Werk auf dem Fundament der Hermetischen Philosophie transparent und geleitet uns durch 22 Pforten auf einen faszinierenden Erkenntnis- und Entwicklungsweg.

22 ganzseitige Farbbilder

MICHAEL MAIER

Atalanta Fugiens

ein alchemistisches Emblemwerk von 1618 mit 52 Kupferstichen von Matthäus Merian

Faksimiledruck der Originalausgabe
mit einem Nachwort von Dr. M.Kuper
Hardcover/Leseband, 232 S., 28,- EUR
ISBN 978-3-935937-42-9

Ein alchemistisches Emblemwerk mit Melodien, Kupferstichen, deutschen Epigrammen und lateinischen Diskursen.

Kindlers Literaturlexikon schreibt über diese Perle der Barockdichtung – das vielleicht erste »Gesamtkunstwerk« der Geschichte:

»Dies ist unstreitig das schönste, merkwürdigste und erfindungsreichste Werk der esoterischen Alchemie des 17. Jahrhunderts.«

ALBRECHT SCHINDLER

Das Kukusbad in Böhmen

Ein Ort der Heilung

Hardcover/Leseband, 168 S., 26,- EUR
150 s/w-Fotos, ISBN 978-3-935937-09-2

In der ersten Hälfte des 18. Jahrhunderts blühte und verblühte das am Fuße des Riesengebirges gelegene Heilbad »Kukusbad«. Der Erbauer, Graf Sporck dachte aber nicht nur an die Unterhaltung und die körperliche Heilung seiner Gäste. So lädt der reiche Figurenschmuck vor Kirche und Spital zum Nachdenken über die menschlichen Tugenden und Laster ein, und die Seligpreisungen der Rotunde weisen hoch über das irdische Treiben im Tal hinaus. Einsiedeleien in den umliegenden Wäldern dienten zur inneren Einkehr. Das Buch dokumentiert Kunst und Architektur des Kukusbades in großformatigen SW-Bildern.

PAUL FOSTER CASE

Der Wahre und Unsichtbare Orden vom Rosenkreuz

Band 1

Die Rosenkreuzer-Allegorie

Hardcover mit Lesebändchen
212 S., 19,80, ISBN 978-3-935937-00-9
Taschenbuch/kartoniert
212 S., 14,-, ISBN 978-3-935937-11-5

Der 1. Band enthält die Rosenkreuzer-Manifeste im vollen Wortlaut. Daran schließt sich die tiefgründige Interpretation des Autors an. Um ein Studium der Gematria zu ermöglichen, stellt der Text alle hebräischen Begriffe in den Original-Schriftzeichen dar (mit Transkription).

Band 2

Die 10 Rosenkreuzer-Grade

Hardcover mit Lesebändchen
206 S., 19,80, ISBN 978-3-935937-01-6
Taschenbuch/kartoniert
206 S., 14,-, ISBN 978-3-935937-12-2

Der zweite Band beschreibt die zehn Rosenkreuzer-Grade und ihre Entsprechung zum Kabbalistischen Lebensbaum und zum Tarot.

PAUL FOSTER CASE

TAROT – Ein Schlüssel zur Zeitlosen Weisheit

224 Seiten, kart., s/w-Abb., 16,- EUR
ISBN 978-3-935937-41-2

Paul Foster Case hat mit diesem Werk über den esoterischen Tarot einen Klassiker geschaffen, der jetzt in einer überarbeiteten Neuausgabe vorliegt.
Wer sich mit dem metaphysischen System des Tarots vertraut machen möchte, bekommt hier fundiertes Wissen über die Herkunft und Bedeutung der Tarot-Symbolik, Erklärungen aus esoterischer und psychologischer Sicht und eine praxisbezogene Anleitung zum Gebrauch der Karten im Sinne von spirituellen Zielsetzungen.

PAUL FOSTER CASE

Das Buch der Siegel

Meditationen über die verborgene Bedeutung der 22 hebräischen Buchstaben und der dazugehörigen 22 Tarot-Schlüssel

Hardcover/Leseband/Schutzumschlag
206 S., 16,-, ISBN 978-3-935937-04-7

Von diesen eindringlichen, suggestiven Texten geht eine starke Wirkung aus. Hier offenbart sich die Zeitlose Weisheit in poetischen Worten, die dem Leser und der Leserin eine unschätzbare Hilfe auf dem Weg der spirituellen Entwicklung sein können.

ERAN LAOR

Die große Einheit

Über die Grundlagen eines spirituellen Weltbildes

158 Seiten, kart., 12,90 EUR
ISBN 978-3-935937-45-0

»Wenn Du unter der Trennung von der Einheit leidest, wisse, dass die Einheit ebenso darunter leidet wie du selbst, und dass du dich selbst erlösend auch die Einheit erlösest.«

Eran Laor (1900-1990) war ein spirituell zutiefst ergriffener Mystiker. Sein Anliegen war es zeitlebens, eine alle Religionen transzendierende, dogmenfreie Haltung dem Göttlichen gegenüber zu verkünden.

KATJA WOLFF

Der kabbalistische Baum

Einführung in die Kabbala

Hardcover mit Lesebändchen
206 Seiten, 19,80 EUR
ISBN 978-3-935937-10-8

Taschenbuch/kartoniert
206 Seiten, 14,- EUR
ISBN 978-3-935937-02-3

Die Kabbala ist eine der ältesten und faszinierendsten Kosmologien der Menschheit. Katja Wolff ist es wie kaum einer anderen Autorin gelungen, ihr komplexes Thema in ein leichtes Gewand zu kleiden, und so liegt uns mit diesem Werk eine hervorragende Einführung in das kabbalistische Weltbild vor.

THOMAS STECKENREITER

Die okkulte Zahl

Qualität und Symbolik der Grundzahlen

kart., zahlr. s/w-Abb. 120 S., 11,- EUR
ISBN 978-3-935937-34-4

Zahlenschlüssel eröffnen geheime Tore zu höheren Bewusstseinsstufen. So ist z.B. das berühmte »Hexen-Einmaleins« aus Goethes »Faust« kein sinnloses Zahlenspiel, sondern Ausdruck der tiefsten Einsicht in die verborgenen Zusammenhänge des Daseins. Bewusstheit über die Qualität der Zahlen zu erlangen, schenkt uns die Fähigkeit, die Schöpfung zu verstehen.

Neuerscheinung Herbst 2007

CHRISTA MULACK

Maria Magdalena

Apostelin der Apostel, die Frau »die das All kennt«

ca. 180 Seiten, kart., 16,- EUR, ISBN 978-3-935937-50-4

Maria Magdalena wurde in frühchristlich-gnostischen Kreisen als eine Frau mit spirituellen Fähigkeiten, als Lehrerin und Priesterin, als Ermahnerin der Jünger und als Partnerin Jesu verehrt und als solche gemeinsam mit Christus zu einer göttlichen Gestalt transzendiert.

THEOLOGIE
PHILOSOPHIE
PSYCHOLOGIE
MYSTIK
ESOTERIK

Erhältlich über den Buchhandel oder beim Verlag

Druck und Verlag Pomaska-Brand
Holthausen 1, 58579 Schalksmühle
Telefon 02355-903339 · Fax 903338
E-mail: info@druckundverlag.de
www.fabrica-libri.de

8-2007